心理学提高你的推销能力

罗芬芬◎编著

吉林出版集团股份有限公司

图书在版编目（CIP）数据

心理学提高你的推销能力 / 罗芬芬编著. — 长春 : 吉林出版集团股份有限公司, 2018.3
ISBN 978-7-5581-4108-9

Ⅰ. ①心… Ⅱ. ①罗… Ⅲ. ①推销心理学—通俗读物 Ⅳ. ①F713.55-49

中国版本图书馆CIP数据核字(2018)第037982号

心理学提高你的推销能力

编　　著	罗芬芬
总 策 划	马泳水
责任编辑	王　平　史俊南
装帧设计	中北传媒
开　　本	880mm × 1230mm　1/32
印　　张	8.25
版　　次	2018年7月第1版
印　　次	2018年7月第1次印刷

出　　版	吉林出版集团股份有限公司
电　　话	（总编办）010-63109269
	（发行部）010-67482953
印　　刷	三河市元兴印务有限公司

ISBN 978-7-5581-4108-9　　定　价：39.80元

前　言

做推销员很容易，不需要多高的学历，甚至也不需要太多经验，许多企业对前去应聘的推销员都抱着欢迎的态度。但做超级推销员就不容易了。在美国，业绩要达到一般推销员的300倍，才称得上超级推销员。多数企业中80%的业绩是20%的推销员创造出来的，这20%的人并不是俊男靓女，也非个人能言善道，唯一相同的是他们都拥有迈向成功的方法，尽管方法各不相同，但有其共同之处。

很多创业者都是从销售起步的。如IBM的创始人托马斯·沃森就是一个很好的销售员。不管是替人打工还是自己开公司，销售都是最重要的内容之一。做好销售工作，一方面能积累资本，为创业做好物质准备，另一方面能锻炼自己做生意的能力。现在的商业世界里不缺乏产品，但是永远缺乏市场。要生产市场需要的产品，要把市场需要的产品推销出去，就需要市场营销。销售是营销的核心部分，如果学会了做销售就是学会了做生意。因此，对有些人来说，要创业，不妨先从做销售做起。

那么，如何做一个成功的销售员呢。销售员需要一定的素质。这种素质有些的是先天具有的，但更多的是后天努力的结晶。

本书从心理学方面给广大读者诠释了对推销的深层次理解。随着经济的发展，电话以及互联网的普及，推销的手段和渠道也有了发展，比如电话推销、信函推销、电子邮件推销等。但不管渠道类型有多少，最终还是要与人打交道。而增强推销员的心理素质，了解消费者的心理变化，对推销工作有着决定性的影响。本书对推销员在推销过程中的不同阶段，面对消费者的不同心理，应当如何做好推销工作，做了详细的解释，对推销员的实际工作有务实的指导作用，是一本不可多得的推销工作指南。

——编者

目　录

第一章
解读消费者心理

古人云：上兵伐谋，意为最高之兵法在于谋略。古语云：“知己知彼，百战不殆”，“心战为上，兵战为下”以成为推销战争的“心经”，而攻心为上，对推销员来说就要了解消费者的心。

要善于“察言观色”

苏洵在《谏论》里讲了一个有趣的故事：

有三个人，一个勇敢，一个胆量中等，一个胆小。将这三个人带到渊谷边，对他们说：“跳过去便称得上勇敢，否则就是胆小鬼。”那个勇敢的以胆小为耻，必定能够跳过去，另外两个则不能跳过去。如果你对他们说，跳过去就奖给两千两黄金，这时那个胆量中等的就必然敢跳了，而那个胆小的人却仍然不能跳。突然来了一只猛虎，咆哮着重扑过来，这时你不用给他什么条件，那个胆小的一定会很快地跳过渊谷就像跨过平地一样。

从这个例子我们可以看出要求人做同一件事情——跳过深渊，用了三种不同的条件去激励他们，才能成功。这就证明了，对于不同心理特征的人，要有针对性的采取不同的方法去刺激他，才能使之心动。既然人们的性格迥异，语言的针对性就要加强，只要把话说到对方的心坎上，才能达到我们的目的，尤其是服务人员、推销员更应该掌握这种因人施法。

“世界上没有完全相同的两片树叶”。这是莱布尼兹的一句名言。做生意讲究“见什么人说什么话。”由于每个人都有自己与众不同的性格，即使是同一需要、同一动机，在不同性格的消费者那里，也有不同的表现。

对待沉默型的顾客:这类顾客金口难开,沉默寡言,性格内向。在同他谈生意的时候，对于推销员所说的话，他们总是瞻前顾后，毫无主见，有时即使胸有成竹，也不愿意贸然说出。但这类顾客往往态度很好，对推销员很热情，即使推销员唠唠叨叨，也决不采取拒绝的态度，只是满面笑容，彬彬有礼，但是很少话语。推销员此时一定要让他先开口说话。但怎样让对方先开口呢？这就要看推销员的口才了。例如，你可以提出对方乐意回答的问题，可以提出对方关心的话题等等。和这种人打交道一定要耐心，提出一个问题之后，即使对方不立即回答，推销员也要礼貌地等待，等对方开了口，再说下一个问题。

对待冷淡型的人：这类人可能对于推销员的来访，就连一般的寒暄语都没有，摆出一副“你来干什么？”的神色。上门拜访时，他会闭门不见，若按门铃会受到你不必再来的冷遇。推销员如果走进他们的办公室，他们同样也会冷语相待。对待这类顾客，你的谈吐一定要热情，无论他的态度多么的令人失望，但作为推销员，你不要泄气，要主动地真诚地和他们打交道。

对待慎重型的人：这类顾客办事谨慎。在决定购买以前，对商品的各个方面都会做仔细的询问，等到彻底了解和满意时才下最后的决心。而在他下决心以前，又往往会与亲朋好友商量。对于这样的顾客，推销员应该不厌其烦地、耐心解答顾客提出的问题。说话时态度要谦虚恭敬，既不能高谈阔论，也不能巧舌如簧，而应该以忠实见长，朴实无华，直而不曲，话语虽然简单，但言必中的，给人以敦厚的印象。尽量避免在接触中节外生枝。

对待自高自大型的人：在好摆架子的顾客中分两种人，一种确实是有某些资本，故而揣着架子；另一种人连资本都没有，装腔作势借以吓人。摆架子的目的无非是虚荣心在作怪，要别人承认他的存在和地位。这类人在生意中经常反驳推销员的意见，同时吹嘘自己。对于这种人，要顺水推舟，首先让他吹个够，推销员不但要洗耳恭听，还要不失时机地附和几句。对于他提出的意见不要作正面冲突。他讲够了的时候，再巧妙地将他变为听众，反转他的优越感，让他来附和你。

对待博学型的人：如果遇到真才实学的人，你不妨从理论上谈起，引经据典，纵横交错，使谈话富于哲理色彩，言词应含蓄文雅，既不以饱学者自居，又给人留下谦虚好学的印象。你甚至可以把你要解决的问题，作为一项请求提出，请他指点迷津，把他当作是良师益友，就会取得他的支持。

对待见异思迁的人：这类顾客心情舒畅时非常热情，甚至会使你感到不好意思；但他们忧郁时，就会冷若冰霜，出尔反尔，给人一种难以琢磨的感觉。对待他们最重要的是给予理解，把握他们的心理，开展推销。例如，对方的情绪不高时，假如你能让他倾吐内心的不满，从而使他摆脱心理上的压力，对你的推销工作将大有好处。

总之，对待不同性格的人，要采取不同的说话方式。因人施法，恰到好处，才能成功。

磨炼精确的判断力

优秀的推销员应具备敏锐的判断能力。虽然，人的先天智力水平确实有高低之分，但起决定作用的还是后天的勤奋和努力，是否有持之以恒的吃苦精神。有的推销员相貌平常，学历也很低，如果论起先天条件，几乎要算得上是个傻小子，但后来的结果却令人惊异。

敏感和判断力也是一样，有的人天分较高，一开始便能有所收获，有的人却要经历无数次的失败和挫折，才能有所进步。

对于大多数人来说，敏感和判断是可以缓慢累积的，但推销员的职业要求这个过程越短越好，这就需要当事者有超于常人的奉献、刻苦和勤奋才行。

判断最初是从点滴信息开始的。一位成功的推销员说，他几乎没有让自己的思维休息过。即便走在马路上，也会有意观察迎面而来的陌生人，试着判断他们的职业、爱好，所处境况的好坏。在公共场合，如电车上、饭馆里或者商店里，他会留意人们说话的语气，行事的态度以及所关心的话题，进而找到一个特别值得关注的对象。

判断的磨炼要从简单的、直接的小事入手，随时为自己出题，又随时考察判断的准确性。如对陌生人职业的判断，同行人去向的判断等，所花费的时间不多，很快便会有结果。当然，还有以大多数人的行为趋势判断商场、车站，大型购物中心或者医院的大致方位等。

对于推销员来说，最重要的判断是对陌生人社会地位、经济状况的判断，因为只有经济状况、家庭状况各方面比较好的人，才有可能成为保险的潜在客户。推销员对客户家庭有一种敏锐的感应能力。他把这叫做“家庭的味道”。

如客户门庭是否整洁，陈设是否合理，是否有审美品位；庭院里传出的声响是否和谐；门庭的鞋子是否摆放有序；家中是否有病人；家庭的组织结构是否合理；家庭里发挥主导作用的是男主人还是女主人或是长辈等等。

有些判断有充足的思考余地，比如在拜访准客户之前，判断今日会谈的可能进展及客户的心境；有些判断则必须立刻做出，并做出相应正确的反应。判断错误或者反应迟钝，都会把原本有希望的事情弄糟。当你站在准客户的门前，举起你的手敲门时，你的判断应该是最准确的。

准确把握对方心态

优秀的推销人员，总能够与自己的客户保持亲密而合作的关系，即使是对那些初次打交道的客户，他们同样能够与你一见如故，这其中的奥秘就需要你去仔细观察和学习了。

老推销员的经验证明，和客户倾谈生意，除了要留心倾听之外，更要注意他的动作、举止神态和眼睛。因为客户的心态和思想，完全表露在无言的行动之中。在倾谈之时，客户目光四望，突然转变话题，你便要小心，这是拒绝你的心态。

当踏入客户办公室，在一定时间内，便可判断出对方是否是一位有诚意的客户。客户有没有准备你的来临？是否怀着一种热诚和欢迎的态度？他的坐姿如何？现代的办公室设计，往往制造成一个令来客自卑的环境，他们的座椅是背着窗子而放的，好使阳光照射进来，而他们的椅子，又技巧地略微高些，显得自己有点高高在上的感觉。

进行数分钟交谈之后，大家的隔膜便可解除了。于是，我们便可进入正式的公事倾谈。在未谈正事之前，我们应该略施小计，达到反客为主的目的，例如略为移动位置，因为惯常的礼貌，客人是招呼你坐在办公桌前的椅子，和他们隔着办公桌相对而坐。为了方便展示货品或举例说明介绍，你可以要求搬移位置，和客人并排而坐，这些小小的要求可以考验客人的兴趣。如果有兴趣的话，一定会答应你的要求。否则，那会让你并排而坐，应酬一下便将你打发了。

当倾谈进行时，客人的坐姿非常重要，如果他是挨着椅背，又时常看着桌上的文件，显得不耐烦，便可以要求更换方法或时间，否则他不能集中精神。如果他仍有兴趣的话，便会放下手头的工作，和你继续倾谈。相反的情形下，例如客户倾向你的身边，细心听取你的讲解，又不住地点头同意，这便显示他有兴趣。你应该努力去掌握机会。

当你解释完一切，便进入了最关键的时刻。你应该立刻停止说话，集中精神去观察对方的动静和眼神，如果他向四周游望，努力避开你的目光，便显示他的不耐烦和没有兴趣，你便可以自动收拾好一切东西，即行离去，答案是不必等待的。这样，显出你的潇洒和老练。而且，还留下一个好的印象，留待他日再行拜访。

生意之道，我们一定要把握自己的原则，保持自我努力争取成功的机会。同时，我们又要随时准备接受失败的打击，勇敢地自我嘲讽，因为每一次失败，都是付出了学费的教训。另一方面，清楚了你的货物或服务之后，客户竟将手放在额上或嘴巴下，便显出他是认真地去沉思和研究你的建议。如果他又不断翻查你带来的资料，或更细心地询问关于公司的服务和历史等问题，或暗示是否回扣，日后的服务情形，公司的稳定等资料，这便是机会。你应掌握和控制这宝贵的时刻，尽力地控制自己，切勿开口。因为静默往往能产生一种压力。首先开口的一个，便决定了一切。

为了打破沉默的压力，客户往往首先开口。他的第一句话，便告诉了你他的心意。如果他说："应该怎么办？"你便应该代填表格，进行购买的手续。如果他说："我的朋友买了什么样的东西呢？"这便是推却你的话，因为在这重要时刻，他根本没有考虑自己的需要和你的建议，脑海中只是胡乱地去想别的东西罢了。

总之，推销人员"鉴貌辨色"这门功夫，一定要从实际情况中体会出来。而且需要长期学习锻炼，希望各位努力留心，切勿放过任何学习机会。

观察对方的表情

当你和某个人开始打交道之前，你所行事的全部依据是对方的表情。一个人的全部心理活动都可以从他的面部表情上表现出来，精明的推销员会依据对方表现出来的复杂表情来判断对方对于自己话语的反应，并积极主动地采取相应的措施，把握有利时机。促进推销成功。

举个简单的例子。某位推销员到客户那里见到顾客正埋头于工作，显然无法抽出空来接待你，此时他说一声：“请别客气，您忙您的吧，我另找时间再来拜访。”或者是在与顾客交谈时间过长，发现顾客不时瞄了一眼手表，他立即起身说：“今天时间不早了，我该回去了。打扰您这么多时间，真不好意思。”以及对方不经意地摸摸口袋，像是寻找什么。此时他立刻把烟递上去。他的这些反应都说明对方的所有神情表现都传递着一些信息。即对方时间很紧，没有更多的时间来接待你，或是对方一时找不着香烟。而如上的做法会给对方留下好印象，认为你善解人意，对周围的一切及人的表现观察极为仔细。

如果您向对方推销某件产品，看到对方显出稍有不快的神色，此时解开对方对产品的不解和疑惑就是您工作的要点，同时留心观察对方的手势、眼神是否在表示某种意思，仔细分析之，并请顾客自己试验产品的性能。通常情况下，顾客对产品推销的反应都是从怀疑到半信半疑直至有试用的意愿的，此时推销员除了详细介绍产品的性能特点外，还应把那些令对方感兴趣的话题加以扩展，使推销活动变成一次轻松愉快的交谈。略懂心理学的推销员都知道，若直截了当地向客户推销产品，不但收不到预期的效果，反而会使对方产生厌倦感。因为多数顾客对推销员上门推销活动反应冷淡，感兴趣者甚少。这不是说顾客不喜欢产品，主要是由绝大多数顾客对推销方式反感所致。

那么一位成功的推销人员应如何做到知彼知己，使那些困难重重的工作变成富有成效，给人以启迪的活动呢？做到这点，首先要注意生活中所发生的各种事情，并留意人们心理活动的特点及人们性情上的差异，真正做到眼观六路，耳听八方，这成为推销员在工作上取得成功的诀窍之一。推销员在工作进行过程中所承受到的压力比顾客更大，必须要留意对方的态度和心理活动等，忽略了这点，推销工作就只能是黑暗中的摸索，看不清周围的一切，听不到任何有助于自己采取对策的信息。所以说，作为一名推销员必须具备这种良好的察言观色的技能。这种技能的培养是在实际生活中学来的，推销员能否做到这一点，要看推销人员是否心细了。

除此之外，在与对方还未正式谈话之前，因无法把握对方的心理活动，甚至对方还没有任何言谈举止，为了做到八面玲珑，推销员应注意到整个过程的每一个细节，并设想其过程中可能发生的事情。这样一来，我们不仅了解认识对方的全部思想活动和心理活动，更重要的则是知道自己该怎么做了。此外还应该多想想：倘若自己是顾客会有哪些想法，以及会采取哪些可能的措施。

观察可见的信号

客户每一种表情和动作都潜在一种含义，那些明显的生理变化，相信你能够从人们的购买习惯中发现一些有价值的信号。

譬如，当一位服饰鲜艳、珠光宝气的顾客走进展销大厅时，你就知道她可能更喜欢买那种刺激、新潮的车。或者，如果在客户的办公室或家里看到摆放着许多小玩意儿的话，你就知道他会乐意买一辆挂有艺术品的车。总之，无论是墙上的工艺品，还是桌上的照片，都能告诉你一些有关客户的信息。简单朴实的梳妆台、不加装饰的办公室则意味着客户可能偏爱简练实用的车型。当然，这一切都仅仅是你心底隐隐约约的预感。在实际推销中，你要保持灵活，只有在更多更深地了解了客户之后，才会尝试使生意成交。

有些人喜欢追求高档豪华，而另一些人则选择经济实惠。虽然有时候这是由人们钱多钱少决定的，但在另一方面，这只是一种生活方式的不同。你必须正确判断，以免上当受骗。很多人看起来没有几个钱，但他们却能用现金买下最昂贵的车。所以，提醒你不要抱有成见。

有时候，在客户的地盘上做推销也有一些对你有利的地方，因为它给了你机会去更多地读懂对方，他的工作、生活环境可能为你提供很多有用的信息。当然，这得看你推销什么。

如果你做的是汽车生意，你会很自然地留心观察别人的车。有些人开着破破烂烂的旧车跑来跑去，而家中的车库里却停放着好几辆昂贵的新车。你关心的不是他们车的新旧或型号，而是要观察车的保养状况。譬如，一辆带着裸线、碎玻璃和其他不安全因素的车会告诉你，车主很可能正在艰难度日。如果他是位有家的人，这一点就更为真实可信，因为很少有人情愿让自己的家人时时处于不必要的危险之中。当然，你用不着一定要靠推销汽车才能得出这样的结论。不管你推销什么，你都可以做同样的观察。

如果你准备卖商品给零售商，建议你做推销之前先到他的店里“转一转”。比如，男士服装推销员可以上零售店看看货架上的西服和运动装，观察都有些什么类型的顾客以及价格幅度和畅销款式，因为同样的服装可能在一家商店供不应求，而在另一家却严重滞销——注意，出色的零售行为都有一个主题，你的产品必须和摆在同一家店里的其他商品相协调。

另一个很重要而又常被忽视的信息来源就是业绩存在的推销记录。在你开始推销之前，你得做好充分准备，了解客户曾经向你买过什么，有过什么样的愿望和要求。只有在课前搞好预习，你才能比顾客更懂得如何去推销产品。

留心顾客的态度

人与其他动物不同，最突出的表现是动物的喜怒哀乐，表现得非常直接，而人的行为表现往往是曲折的，甚至是相反的。不过，即使人的内心活动再复杂，再令人感到迷惑不解，也会这样那样地露出蛛丝马迹，绝对看不透的人在世界上是不存在的。我们可以用眼睛来观察对方表情的变化、身体的一举一动，用耳朵来倾听对方的语调、声音的变化及诉说真实内容，用大脑来分析揣摩对方的内心活动。

无论人的内心怎样复杂隐晦，也一定会通过行为表现，有两句成语“怒发冲冠”、“手舞足蹈”，说的就是这个道理。人可以通过说谎话假话，以口头上的言词来否定事实，但人的行为表现却很难像舌头那样容易随心所欲，表情和动作说的才是实话。难怪有一位德国哲学家曾经说过：“人的脸能准确地表现出他的本意，如果他欺骗了我们，而我们还蒙在鼓里，那只能怪我们没能看出来。”

眼睛是心灵的窗户，从眼睛中推销员可以看出顾客是否感兴趣，一是要留心顾客的视线是否随着你的动作，或者你展示的物品而移动；二是要看顾客的眼睛是不是像要闭起来似的，或者是眼睛连眨都不眨。除了眼睛之外，推销员还可以从顾客的嘴形和整个表情看出顾客的反应。因此，第三种表现就是顾客的嘴角往后拉，或者嘴部半开半掩。第四种表现就是顾客会随着你的话题的变化而改变表情。

如果顾客具有以上四种表情，或者这四种表情的任何一种，就说明你的推销工作还真可能“有戏”。但这时作为推销员的你，最好不要得意忘形，瞪着大眼睛凝视对方，否则你的视线可能会与顾客的视线发生冲突，顾客的警惕性会陡然加大，购买产品的欲望当然也就无影无踪了。这一点推销员一定要注意，不仅要留心顾客的言谈举止，也要留心控制自己的行为表现，要以温和的话语、诚恳的微笑去接近对方，有步骤地把顾客拉近自己，实现自己的销售目标。

辨别客户的防火墙

当你想说服对方时，如果对方的态度变的慎重，表示他产生了警戒心了。

当你想说服客户时，遭遇对方警戒心的阻碍，这种情形在初次见面是无可避免的，但是，有时熟人也会有这种表现，当他发现你怀有某种目的时，自然而然便会产生警戒心，此时，你正和一位戴着面具的人说话，对方隔着一道面具，你无法看清他的表情，不知他态度如何，所以你就无法采取良好的对应方法，但是，如果因为对方戴着面具而放弃了进一步销售的念头，那便是不战而败。

对方有警戒心，虽然不利于说服，但是未察觉对方的警戒心，继续说服，那就变成了自娱自乐，对方不仅戴着面具，而且还背向着你，紧锁心扉。这就像一个人身上包上了一个护盾，这就像一道防火墙，这层护盾起到保护和反弹的作用，任何对他的言语都会被这层护盾挡住，而无法进去他的内心世界。所以说在进行销售时，首先要辨别客户的身上对你产生的护盾，必须破盾而入，才能有进一步的成交可能。因此，进行说服之前，必须仔细观察对方的言行举止，判断他是否有警戒心才行。

一般来说，抱持警戒心的人，不喜欢表露自己的心事，对自己的言行也不敢负责，所以打招呼或说话的态度都是冷冰冰的。可是，有时，他们的态度又会显得直截了当，其实他并非轻视你，只是因为过于警戒，所以言语索然无味，给人敷衍了事的感觉。

谈话时，一直很顺利，很投机，可是突然改变态度，变得很亲切，而口气却严肃地答道："我知道，我知道，你要说的我都知道，回公司后，我会仔细再斟酌"，结果你期待的答复无疾而终，这就是对方在谈话的途中，将面具戴上的结果。

神经质的人，警戒心也很强，为了掩饰自己的警戒心，言语便会变得模棱两可。

于是说话时，常常在一句完整的话中加入一些语意不明的词句，如"话虽如此"，"无论如何他还是……""虽然……但是……"等，使人无法了解他的真正意思是什么。如果对方经常用这类词句，而且又一再重复，慎重选择每一个字句，说话速度变慢，这些现象都表示他的警戒心已到极点。根据一位从事贸易的外国朋友说，他在中国进行生意洽谈时，闭着眼睛聆听对方的口气，比透过翻译者传达的意思，更能了解对方的真正意思，因为我们的语言和英文不同，速度方面也有差别，当我国的负责人语气缓慢下来时，表示警戒心逐渐升起。

另外有一种更令人困扰的情形就是，对方几乎不表示意见，无论你说什么，他只是回答："是的，你说得有理"，这种情形表示他正在找寻你的漏洞，或你所设置的陷阱。

通常，如果没有特别的情况，我们是不会对家人，朋友，同事产生警戒心的，但是对于初次见面的人，多少总有些警戒心，这是因为尚未了解对方，所以才会对他怀有警戒心，一旦投机之后，警戒心立即消失，说："既然你这么说，那我就尽力试试看"，在很自然的情况下接受对方的要求，这正是说服者比说服内容重要的证明。

但是，如果对方和自己不投机，则情况完全相反，警戒心不但不会消失，反而还会加强。根据美国的调查统计，让新进职员以十分为满分，评价上司，同时也以十分为满分，让上司评价自己的下属，以了解双方的观感。结果，两份实验报告显示，分数十分接近，这正是表示双方沟通的程度非常一致。

为了突破坚强的心理障碍壁，以便顺利进行说服，必须深入对方的深层心理，让对方对你产生好感，这才是最重要的。

留意对方的逆反心理

逆反心理是人们的自我意愿得不到实现，尊重或是自尊心未能满足的一种情绪表现。这种心理活动在通常情况下都会经由某个人的脸部表情和行为上体现出来，这就是我们平常所说的身体语言。推销员在推销活动中，所接触的对象是性格、习性、爱好各异的人，因而察言观色、投石问路，是推销员应具备的最基本的技巧之一。当然，遇到顾客的逆反心理，也大可不必为此忧虑，更不能惧怕。我们可以根据具体情况具体分析。比如：

推销员事先敲门，连敲三下，对方才有反应“请进”（这已暗示顾客今天对来访者的热情不高）。

于是进屋，问明推销人员的来历，推销员递上本公司产品目录表以及本人的名片，但对方都拒绝接受。这又是一种对抗心理的表现。

开始交谈，对方的眼光飘来忽去，有时盯着别处，也不注视来访者。又一信号!

在涉及正式的事务时，对方却又中断谈话，进而寻找与所谈内容毫无关系的材料。此时，有他本公司下属向他报告情况，对方并不拒绝，耐心听完。这种对来客缺少应有的尊重行为表明今天的谈判进展很是艰难，推销员应做好心理准备，为此要付出较高的代价和时间。

等到谈话进行到一定程度时，来访者拿出本公司的产品供对方试验，但对方无反应，也不去接受产品。或是在翻开产品说明书时，翻阅速度很快，眼神也不知投往何处了。

也许作为推销员的你有些沉不住气了，但从事这种行业贵在坚持，因此让我们继续观察对方都还有哪些表现。

推销员看这种办法不成，就试想让对方亲自试验产品，但对方并不立即为他找出放置的处所，也许办公桌上东西很多。于是双方再次静坐下来交谈，此时推销员应继续留意对方的脸部表情和手势。

只见对方一边说话；同时用手指轻弹桌面，双脚在桌下毫无节奏地颤动，表明对方自信而又浮躁的性格。忽而又将双手插入口袋，吹吹口哨，又迅速将手抽出，继续击打桌面。如果奏出的是一首美妙的小舞曲，这就说明对方对这次的洽谈很是满意。

如果交臂胸前，目光执着，暗示对方某些问题的困难性，此时应给予解释并说明有关情况。

再瞧瞧对方的面部表情，尤其是眼神的变化。无论对方有哪些所思所想，都会从眼神中反映出来，所以有经验的推销员特别强调与顾客交谈时，看着对方的眼睛。

面谈中，通过观察顾客的面部表情来揣测他的内心活动，通过顾客对商品的意见确定他的购买动机，善于察言观色，这样，在面谈中就很容易掌握主动权，从而赢得推销的成功。

注意顾客态度的突变

当顾客开始否定自己、批评自己，或者开始向周围的其他人询问别人对产品的看法时，推销员可将这两种表现视为顾客即将购买的最明显的征兆，因为这两种表现说明顾客已具有很强的购买欲望。要是顾客开始否定时，说出："你非要现金的话，那我就不买了。"这就意味着顾客是有意购买的，只是限于当前条件还有些困难，否定自己只是希望推销员能知道他的困难所在，如果推销员能够解决，那对于顾客来说是最好不过了，两者皆大欢喜。当顾客开始问周围人对产品的看法时，他只是自己还有点缺乏主见，需要别人的肯定才能放心购买。这时推销员要做的就是说服顾客所询问的人。比如一位顾客征求她丈夫的意见，这时推销员就可以说："先生，我相信您认为这东西买来值得，而不必在乎花钱的多少，对不对？"不用说，这位顾客的丈夫一定会显示出男子汉气概而慷慨解囊的。

以上两种表现是最明显的征兆，而下面这些表现也同样是态度突变的前兆：

顾客的视线不动，有些出神、发呆，或者顾客的视线忽然转移到其他地方，比如样品、产品说明，也可能是推销员的脸上，这多半是顾客正盘算着值不值得购买。

在顾客与推销员谈过正式交易话题后，顾客态度发生明显的变化，可能是神情有些紧张，或是神情变得温和，也可能是忽然开始与推销员进行热烈的谈话，并有可能拿出食物来招待推销员。

还有，顾客的身体前倾，声音的忽大忽小也是征兆的表现。

不要给客户施加太大的压力

许多推销员根本不管客户能否理解，也不管他们有怎样的心理状态，只是一味地把公司所发的资料背给客户听，当然无法顺利成交了。

这种现象就好比说书。一个了不起的说书人，不只是发音标准、说话流畅而已，他必须有绝妙的声调，将听众从音调变化中引导至自己的世界。

虽然我们不是一流的说书人，没有能力控制客户的心理状态，但我们有眼可看，有耳可听，随时可以察觉出对方的心情，这点就足够了。

而且，我们也不需要成为一位说书人，我们要的，只是他们说故事的方法。好比话说慢一点、适时加强语气、不重要的情节简单带过等等。最重要的是音调要变化，并且适时作此停顿。

每一个句子间稍作停顿，并非是让自己有喘息的余地，而是要让听众有思考的空间。推销也一样，要多给客户一些空间好好思考，千万不要太咄咄逼人。

假设你现在推销一套百科全书，除了要让客户觉得对自己有用外，还要让他觉得对大女儿也有用，甚至小女儿不久之后也用得上。这种联想，只有在头脑有空余时，才会被激发出来。因此要留些空间给客户思考。

除了给对方思考空间外，还要留意距离问题。距离问题是一种具体的空间问题。因为具体，所以很好掌握。只要留意下列三项事情，就可以收到很好的效果。

第一项要注意3点：

1. 客户眼睛的高度与推销员眼睛高度的关系。

2. 客户座位与推销员座位的角度关系。

3. 对客户作商品说明时，推销员应尽量让自己居于下方。

比如客人坐在门口时，推销员就要蹲下来说话，千万不可站着表达，以免给对方压迫感。

第二项座位关系，推销员不能坐在客户的正对面。最好是坐在对角线的位置上，以免让对方误以为在较劲。

至于第三项问题，应尽可能坐在客户旁边作商品说明，这样会增加彼此的亲切感，而不会给予对方压力。

以上三种空间关系，都是以客户舒适、轻松为主要考虑。唯有客户保持松弛的心情，推销员才能做进一步的商谈。

解读顾客消费心理

俗话说：知己知彼，百战不殆。推销员在推销过程中，充分了解客户的购买心理，是促成生意成交的重要因素。

顾客在成交过程中会产生一系列复杂、微妙的心理活动，包括对商品成交的数量、价格等问题的一些想法及如何与你成交、如何付款、订立什么样的支付条件等。顾客的心理对成交的数量甚至交易的成败，都有至关重要的影响。因此，优秀的推销员都懂得对顾客的心理予以高度重视。

归纳起来，顾客的消费心理主要有以下 11 种：

1. 求实心理

这是顾客普遍存在的心理动机。他们购物时，首先要求商品必须具备实际的使用价值，讲究实用。有这种动机的顾客，在选购商品时，特别重视商品的质量效用，追求朴实大方，经久耐用，而不过分强调外形的新颖、美观、色调、线条及商品的“个性”特点，故在挑选商品时认真、仔细。

2. 求美心理

爱美之心，人皆有之。有求美心理的人，喜欢追求商品的欣赏价值和艺术价值，以中青年妇女和文艺界人士中较为多见，在经济发达国家的顾客中也较为普遍。他们在挑选商品时，特别注重商品本身的造型美、色彩美，注重商品对人体的美化作用，对环境的装饰作用，以便达到艺术欣赏和精神享受的目的。

3. 求新心理

有的顾客购买物品注重“时髦”和“奇特”，好赶“潮流”。在经济条件较好的城市中的年轻男女中较为多见，在西方国家的一些顾客身上也常见。

4. 求利心理

这是一种“少花钱多办事”的心理动机，其核心是“廉价”。有求利心理的顾客，在选购商品时，往往要对同类商品之间的价格差异进行仔细地比较，还喜欢选购折价或处理商品。具有这种心理动机的人经济收入较低者为多。当然，也有经济收入较高而勤俭节约的人，精打细算，尽量少花钱。有些希望从购买商品中得到较多利益的顾客，对商品的花色、质量很满意，爱不释手，但由于价格较贵，一时下不了购买的决心，便讨价还价。

5. 求名心理

这是以一种显示自己的地位和威望为主要目的的购买心理。他们多选购名牌，以此来“炫耀自己”。具有这种心理的人，普遍存在于社会的各阶层，尤其是在现代社会中，由于名牌效应的影响，吃穿住行使用名牌，不仅提高了生活质量，更是一个人社会地位的体现。

6. 仿效心理

这是一种从众式的购买动机，其核心是不落后或“胜过他人”。他们对社会风气和周围环境非常敏感，总想跟着潮流走。有这种心理的顾客，购买某种商品，往往不是由于急切的需要，而是由于为了赶上他人，超过他人，借以求得心理上的满足。

7. 偏好心理

这是一种以满足个人特殊爱好和情趣为目的的购买心理。有偏好心理动机的人，喜欢购买某一类型的商品。例如，有的人爱养花，有的人爱集邮，有的人爱摄影，有的人爱字画等等。这种偏好性往往同某种专业、知识、生活情趣等有关。因而偏好性购买心理动机也往往比较理智，指向也比较稳定，具有经常性和持续性的特点。

8. 自尊心理

有这种心理的顾客，在购物时，既追求商品的使用价值，又追求精神方面的高雅。他们在购买之前，就希望他的购买行为受到推销员的欢迎和热情友好地接待。经常有这样的情况，有的顾客满怀希望地进商店购物，一见推销员的脸冷若冰霜，就转身而去，到别的商店去买。

9. 疑虑心理

这是一种瞻前顾后的购物心理动机，其核心是怕“上当”、“吃亏”。他们在购物的过程中，对商品的质量、性能、功效持怀疑态度，怕不好使用，怕上当受骗，满脑子的疑虑。因此，反复向推销员询问，仔细地检查商品，并非常关心售后服务工作，直到心中的疑虑解除后，才肯掏钱购买。

10. 安全心理

有这种心理的人，他们对欲购的物品，要求必须能确保安全，尤其像食品、药品、洗涤用品、卫生用品、电器用品和交通工具等，不能出任何问题。因此，非常重视食品的保鲜期，药品有无副作用，洗涤用品有无化学反应，电器用具有无漏电现象等。在推销员解说、保证后，才能放心地购买。

11. 隐秘心理

有这种心理的人，购物时不愿为他人所知，常常采取“秘密行动”。他们一旦选中某件商品，而周围无旁人观看时，便迅速成交。青年人购买和性有关的商品时常有这种情况。一些知名度很高的名人在购买高档商品时，也有类似情况。

充分了解顾客的心理是推销员成功的关键因素。

消费者的名牌心理

联合国工业计划署有一个数据，数据显示：在全世界所有的品牌里面，名牌只占不到百分之三的份额。但是名牌在整个销售额里面却占据了一半，不到百分之三的品牌能够占据百分之五十的销售额。当然，在这个百分之三的名牌中没有中国品牌。消费者是如何理解名牌呢?

我们发现很多人在走进商场的时候，事先对购买什么牌子的商品是有一些考虑的。这种现象相当普遍，另外消费者在购物时还存在着一种规律，即商品档次越高，购买的现象越普遍。从心理角度讲，名牌的心理效应就是反应在消费者认你的牌子，去买你的东西，达到这个效应，你的牌子就差不多成为名牌的行列了。

如何提高品牌对消费者的影响力度呢？有一个途径就是广告的重复策略。现在一部分人认为重复越多越好。因为重复越多，知名度会越强。

从心理学的理论，是不是这样？这是叫重复暴露的二因素理论模型。根据这个理论，假设你的广告不断地重复，这个重复每一次出现，或者每一次重复，在心理上有两个因子起作用，一个就是它的正面的，这个叫做积极学习的效果，叫做积极因素；一个就是乏味的因子，当你重复若干次的时候，积极的因素的效果很快上去了。然后，你再重复的时候，这个效果基本上就少了。那么，另外一个乏味因素在开始阶段，它的表现作用小，但是到了重复到一定次数以后，效应就很明显了，已经很快进入了人的心理。而这两个相互作用，就出现了一个曲线，这个曲线表明在一开始效果是随着重复的次数是往上升的。超过一个次数限度以后再重复，就会适得其反，而且最后还要产生反面的效果，这是心理学的一个理论。

人们真正相信一个品牌，更重要的是取决消费了它之后，如果符合消费者的要求并且满意，那么这个强化是正强化。如果消费了以后，不是这样，就是一个负强化。因此，在这种情况下，只有正强化对你的品牌起了很大的作用。

所以，品牌美誉度必须要有一个信念，有了这个信念，消费者有一种积极情感的体验，也就是相信这个品牌的东西能满足其需求。最近，一位心理学家获得诺贝尔奖，他的主要贡献是长期研究人们的非理性决策。在不确定的条件下，人们如何判断，这种完全跟经济学里面那种假设是相违背的。经济学里面假设人的理性是一贯的，偏向是一直不变的。人们在这个时候做判断、做决策，都是依靠各种启发。就是说，现在在经济学里面要修正标准的人的行为。对我们有什么启发呢？人的角度有理性的部分，有非理性的部分，而非理性部分有时候莫名其妙，但实际上是起作用的。有一个年轻的司机喜欢戴着墨镜，墨镜里面有一个标志贴在眼镜的角里面。眼科大夫写文章劝告年轻人把标志撕掉，因为会妨碍视力。但是很多人就是不撕掉标志，这就是非理性行为起了作用。这个现象就使得我们在理论上，对这些东西要有深刻的认识。

这说明什么？品牌美誉度不是简单取决于产品那个实物的物理、化学的特性，还要考虑到人的价值观体系。我们做独特卖点的时候，不能仅仅限制在产品的物理、化学特性这些“理性”层面。而是要考虑这个卖点和消费者心理的特点这两者一致或者不一致，从感性即“非理性的”角度研究消费者的心理，这一点是非常重要的。

第二章
推销员应具备的基本心理素质

良好的心理素质是指抵抗挫折的保障，遇到困难与失败时，能保持情绪稳定，以高昂的精神状态去面对环境的压力。

战胜失败的方法

一个成功的推销员在遭遇挫折或失败时，要能永远不认输，屡仆屡起，咬住不放，坚持到最后胜利为止。

毅力和耐力才是推销员夺标的秘诀。

心情对行为的影响占有相当大的比重，随着心情变化，结果时好时坏，这种现象是不可否认的。

以乐观、悲观的态度看待事物，纯属人生观的问题，无所谓孰好孰坏，但是在干推销这行时，则毫无疑问，乐观者较易成功。与其杞人忧天或在意不理想的结果，不如去思考更积极的方法，归纳出一串可行的方案。

有些推销员生性悲观，凡事都往坏处想，以致在展开行动之前，摆满了失败的借口，这样如何会有好成绩？只有自毁前程罢了。

推销这种经济活动，并不像哲学、宗教那般属于永恒、神秘的课题，是以人类为中心一类形而下的问题。属于形而下的任何课题、问题，绝对都有它解决的办法，因此推销字典中，绝无“不可能”三字。乍听之下，你可能会怀疑，但是遇到问题只要仔细思考后，就能找出许多解决困难的方法。属于推销员个人的因素也一样，不可能存在太多的难题。

可是有人却喜欢大模大样地列举一些理由，仿佛是生命中的大事。不可否认，办不到的借口多得数不清，但爱找借口的人，失败的几率往往高于常人，因此绝不能在做事之前，就开始找借口搪塞。

即使成功的几率甚微，但只要存在着可能，就要勇敢地接受挑战。也只有勇于接受挑战，才会存在成功的可能性。倘若在一开始就放弃，胜利的号角绝不会为你响起。

当然，自我挑战不只是在精神论的范畴内说说而已，光凭口号来对抗问题，无疑是以卵击石。必须找出问题症结，用实际行动加以解决，具体的方法是：增加访问户数、延长活动时间、锁定目标、提高会晤和订约率等。

思考可行的方法不只是获得成功这种实质利益，它还能引发心情愉快、思考效率提高、头脑更加灵活等一连串效应。这些效应的价值是可以提高你的能力，使你在面对任何工作时，都能愉快胜任，因此是一举数得的。

总之，经常去思考可行的方法有利无弊，是自我成长的灵丹妙药。

不要半途而废

作为推销队伍中的一员，如果你具有坚强的成功信念，几乎每一个人都可以成为优秀的推销员。谁也不例外。

对于许多保险推销员来说，他们所羡慕的成功并非是突然降临的，它要求你每天都全身心地投入。一旦你对自己的成功抱有坚强的信心，那么到了一定阶段，推销中产生启动动力和动机的问题会让位于运用成功动力的问题。

对于成功的信念要保持你的动力的持久性。因为信念会派生出关注和乐观主义，是“心理甜食”。由信念产生的积极态度则充满了活力。

信念的长处在于不管你对与错，你将保持不达目的誓不罢休的想法，并加强你的动力。

信念很重要。单单成功的表示就可以增加成功的机会。你应该很清楚达到目标的可能性，你想像它们的感觉与实际达到的感觉几乎完全相同。这种自然的“高潮”帮助你保持旺盛的精力。

为了加强信念，你要不断地用支持你的观念，取代否定你的想法。把你仍有欠缺的想法变成向你提供肯定信息的起点。

许多推销员已到达了成功的边缘，几乎伸手可摘了，却转身走了。

对于这些推销人员，当成功已到了他们掌握之中时，总会发生一些意想不到的事。离目标已近在咫尺，但他们开始焦虑不安并自我摧毁了。

有些推销员不承认自己要成功。他们担心，一旦成功了，人们将期望他们重复成功。

推销员也担心成功将使他们同其他人割裂开来。这些推销员可能干脆通过退出此行业或为自己设置不切实际的目标，来避免成功。由于他们不信任自己的目标，也就不准备得到它。

一旦他们失败，他们就按失败来安排自己，并对自己说："看，我已做过努力，可我根本无法成为最佳的保险推销员。"

最可悲的是，一些推销员从成功的门前退了下来，因为他们认为不该得到它。从心理上讲，如果你认为某种东西不属于你，你就很难接受它。成功的感觉要求你自我感觉良好，认为你应得到成功，而这正是某些推销员所欠缺的。

推销要坚持不懈

1986年，美国职业篮球联赛开始之初，洛杉矶湖人队面临重大的挑战。在前一年湖人队有很好的机会赢得冠军，当时所有的球员都处于巅峰，可是决赛时却输给了波士顿凯尔特人队，这使得教练派特·雷利和所有的球员都极为沮丧。

雷利为了使球员相信自己有能力登上冠军宝座，便告诉大家：只要能在球技上进步1%、下个赛季便会有出人意料的好成绩。

1%的成绩似乎是微不足道的，可是，如果12个球员都进步1%，整个球队便能比以前进步12%，湖人队便足以赢得冠军宝座。结果，在后来的比赛中，大部分球员进步不止5%，有的甚至高达50%以上，这一年居然是湖人队夺冠最容易的一年。

如果一个人每天进步1%，一年进步了多少，连你自己都无法想像。如果一个民族里的每个公民都这样做，那么这个民族在世界中的地位将是什么样子，这更叫人难以想像。

乔·吉拉德曾经说过：“成功的人有时候也是被逼出来的。我想大多数人都会承认，他们之所以成功，是因为他们的坚韧不拔，不断追求成功，事实上，坚韧不拔便是成功的保证”。

每个人从小到大一定都听过许多坚持不懈最后取得成功的故事。那么现在，你需要去学习这些经过艰苦奋斗，坚持不懈地努力最后获得成就的名人。曾经在杂志上看到一个年仅十几岁的女孩子的故事。活泼可爱的她很不幸，因为一次病痛，头部以下整个瘫痪了，这样的打击对于一个十几岁左右的孩子来说几乎是致命的。所有的人都觉得这个女孩的一生注定要和悲惨及无止境的病痛联系在一起，那些曾经用在她身上的“活泼、可爱、聪明”将远离她。然而，一个意志坚强的人，一旦对于心中的理想有着恒久的坚持，一定能够创造奇迹。就是这样一个女孩，在床上自己学习了电脑，用嘴巴含着电子笔，一笔一画地做网络动画。当她拿到第一笔自己用生命和意志换回来的稿费的时候，她的生命从此再度精彩！如今，她已经是网络上一个有名气的网络动画作者了。

你可曾想过为什么一个身体残疾的人能够做到这样的坚持不懈，为了自己的理想，为什么你不能？请记住我们的忠告：坚持不懈，直到成功。

在《羊皮卷》里有这样一则故事：“在古老的东方，挑选小公牛到竞技场格斗有一定的程序。它们被带进场地，向手持长矛的斗牛士攻击，裁判以它受戳后再向斗牛士进攻的次数多寡来评定这只公牛的勇敢程度。”事实上，在每个人的生命的每一天都要接受很多的考验。如果能够坚韧不拔，勇往直前，迎接挑战，那么你一定会成功。

希望你坚持不懈，直到成功。要相信自己天生就是为了成功而降临世界，自己的身体中只有成功的血液在流淌。你不是任人鞭打的耕牛，而是不与懦夫为伍的猛兽。千万不要被

那些懦夫的哭泣和失意的抱怨所感染，你和他们不一样，你要意志坚定地做你的猛兽，才能笑傲在自己的领域!

希望你坚持不懈，直到成功。要相信生命的奖赏只会高悬在旅途的终点。你永远不可能在起点附近，找到属于自己的钻石。也许你不知道还要走多久才能成功，而且当你走到一多半的时候，仍然可能遭到失败。但成功也许就藏在拐角后面，除非拐了弯，否则你永远看不到成功近在咫尺的

景象。所以，要不停地向前，再前进一步，如果不行，就再向前一步。事实上，每次进步一点点并不太难。或许你这次考试只有 50 分，而你的目标是 90，那么要求下一次就得到 90 分，显得不现实而且太残酷了，但是如果要求你得到 55 分或者 60 分，并不是太难。你每次只需要比上一次好一点点，那么离成功就越来越近。

希望你坚持不懈，直到成功。从现在开始，你要承认自己每天的奋斗就像一滴水，或许明天还看不到它的用处，但是总有一

天，滴水穿石。你每一天奋斗不止，就好似蚂蚁吞噬猛虎，星辰照亮大地，只要持之以恒，什么都可以做到。不要小看那些仿佛微不足道的努力，没有它们，就没有你最后的辉煌。

希望你坚持不懈，直到成功。每个人都必然会面临失败，但是在勇者的字典里不允许有放弃、不可能、办不到、没法子、行不通、没希望……这类愚蠢的字眼。你可以失败，也可以失望，但是如果真的还想成为优秀的推销员的话，请记住你已经不再有绝望的权利！为什么要绝望，想想自己是多么的独一无二！你需要辛勤耕耘，或许必须忍受苦楚，但是请你放眼未来，勇往直前，不用太在意脚下的障碍，在哪里跌倒，在哪里爬起来。要相信，阳光总在风雨后。

希望你坚持不懈，直到成功。你应该牢牢记住那个流传已久的平衡法则，不断鼓励自己坚持下去，因为每一次的失败都会增加下一次成功的机会。这一刻顾客的拒绝就是下一刻顾客的赞同。命运是公平的，你所经受的苦难和你将会获得的幸福是一样多的。今天的不幸，往往预示着明天的好运。深夜时分，当你回想今天的一切，你是否心存感激？要知道，或许命运就是这样，你一定要失败多次，才能成功。

希望你坚持不懈，直到成功。你需要不断地尝试，尝试，再尝试。无论什么样的挑战，只要你敢面对，就有战胜的希望。因为你的潜能无限。

希望你坚持不懈，直到成功。你应该借鉴别人成功的秘诀。把过去的那些荣耀或者失败都抛到脑后。只需要抱定一个信念——明天会更好。当你精疲力竭时，你是否可以抵制睡眠的诱惑？再试一次。坚持就是胜利，争取每一天的成功，避免以失败收场。当别人停滞不前时，你不可以放纵自己，你要继续拼搏，因为只要你的付出比别人多一点点，总有一天你就会丰收。

希望你坚持不懈，直到成功！

既然你已经选择了推销，你职业的目标只能确定一个，这样才会凝聚起人生的全部合力。确定了职业目标，坚定信念、脚踏实地走一条道路，哪怕这条路崎岖不平，同行者寥寥无几，你只要甘于忍受孤独和寂寞，在诱人的岔路口仍不改初衷，就会苦尽甜来，如愿以偿。

克服“推销低潮”

就算是再资深的推销员或是业绩一直保持一定水准的推销员，也会发生连续两三个月，业绩持续滑落的情况，这就是一般推销员闻之色变的“推销低潮”。不曾有过的人绝对不会相信它的杀伤力有多大，曾经经历过的人则会暗暗祈祷噩梦不要再度来临。

推销低潮，不仅使人精神郁闷，令人丧失冷静，连自己是何许人都会产生怀疑。事实上，发生这种状况绝对不会没有原因的，可能是没有开拓新的客户，可能是活动量不够，也可能是家中发生重大事故或生病让自己失去应有的推销水准等等，显而易见，原因都是出在你自己身上，除非是因重大事故或生病等不可抗拒的因素，否则失败的责任绝对得要自己来承担。

有些推销员运气好时，谈上一两回就立即促成，得来太容易的胜利往往把人冲昏了头，以为从此之后幸运便会永远垂青，不再多花时间培养新的客户及熟客，整天就是呼朋唤友去喝咖啡消磨时间，待业绩出现断层时，则方寸大乱，不知道如何脱离困境。

像这种情形则是自满与自傲造成的，活动量不足尚可轻易解决，自满与自傲却像一柄双锋的利剑，在一切状况顺利时会化为自信，使拜访活动更有活力，但当业绩陷入低潮时，它将成为无形的杀手，使一切自我钻研、自我努力的成果化为乌有，业绩平庸，难以向前迈进。

更可怕的是一石二鸟或三鸟，有些推销员不单以贩卖一家商品为满足，经常兼卖好几家不同的商品，结果造成贪多嚼不烂，最终一无所获。不满现状固然是驱使推销的原动力，但易有火力散漫、不易命中红心的缺点，这也是为什么“万能推销员”始终是个名词，却无法成真的原因！

再者可能就是推销技术的问题。有的人十分迷信某种说明方式十分管用，便一成不变地将它运用在每个客户身上，殊不知，一成不变久而久之将磨去原先的魄力与热情，再也无法感动客户，终有一天会遇上不灵光的状况！

产生推销低潮时，其实也不用灰心，凡事总要看得开些，何必自寻烦恼，最好把目标摆在下一次的业绩上。也许这段时期，正是对自己的销售能力及拜访活动做一次全盘检讨的最佳时机，在下一次重新出发时，能更有活力地、更有技巧地、更有要领地进行推销活动！

推销大师原一平第一次遭遇推销低潮时，他一整天都在反思，极力想从中找出原因，可是始终无法摆脱。有一天，他下定决心去拜访这一位资深人员，请教如何摆脱困境的方法，没想到这位前辈却因酒醉在家休息，他知道后心中大为震撼，同时也认为自己这种行为未免太过天真。仔细思考了一晚后，第二天一大早，他便起来冲个冷水澡（当时正值冬天），直接出门去拜访客户，果不其然，第一家便被拒绝了，第二家也被拒绝了，但是他一点也不以为然，依然继续拜访工作，他决意要试试看一直拜访完十家结果会怎么样？最后，终于在第五家时便结束了为期多日的噩梦。

签完合同后，他跑到外头的路上大声高叫“太好了！我并没有放弃！”也就是从这一刻开始，一向一帆风顺的他，终于品尝到推销真正的辛酸，同时也在这一瞬间，他感到自己对于推销这份行业的热爱程度有多深。

若是一般像在办公室做内勤的工作，发生任何问题，一定要追究原因，加以反省，而后找出改善之道，可是在推销业中，这道程序必须大幅度简化。一来时间就是金钱，没有太多的时间能让推销员从容地反省、忏悔，二来推销员所遭遇的推销低潮与一般白领阶层的工作低潮截然不同，不能一并办理。

原一平说：“最好的处理方式就是，拜访再拜访，在拜访过数十家，甚至数百家客户后，一定会有的。一再追悔为什么无法促成，对于事情一点帮助也没有，倒不如好好想想看，为什么以往能在不可能促成的状况下签下合约！相信这反而能让自己找到更多以往遗漏的重点。”

推销要一点一点累积

你知道石匠是怎么凿开一块大石头的吗?

石匠所拥有的工具只不过是一把小铁锤和一把小凿子，可是这块大石头却硬得很。当他举起锤子重重地凿下第一锤时，没有凿下一块碎片，甚至连一丝凿痕都没有，可是他并不以为然，继续举起锤子一下再一下地凿，一百下、二百下、三百下，大石头上依然没出现任何裂痕。

可是石匠还是没懈怠，继续举起锤子重重地凿下去，路过的人看他如此卖力而不见成效却还继续硬干，不免窃窃私语，甚至有些人还笑他傻。可是石匠并未理会，他知道虽然所做的还没立即看到成效，不过那并非表示没有进展。

他又在大石头上换了另一个地方凿，一锤又一锤，也不知道是凿到第五百下还是第七百下，或者是第一千零几下，终于他看到了成效，那不是只凿下一块碎片，而是整块大石头凿成了两半。

难道说是他最后那一击，使得这块石头裂开的吗？当然不是，而是他一而再、再而三连续凿的结果。如果我们能时刻保持持续不断努力实现目标的决心，就有如那把小铁锤，一直不停地凿着，直到能凿碎一切横在成功旅途上的巨大石块。

每一个从事推销工作的人都面临着巨大的挑战，每时每刻都可能出现失败与挫折。这些挫折与失败可能经常淘汰一些人，因为这些人不具备一个真正优秀的推销员所具备的素质。真正的成功从何而来，正是像小铁锤一样一下一下地积累而来的。这个过程也正是考验一个人的关键所在。如何让这种积累持续的最长，这就需要优秀的推销员拥有更出色的行动和意志。

不能够变成现实的幻想是毫无价值的，就好比希望天上掉馅饼一样。如果一个人的思想始终停留在幻想的阶段，那么他的计划渺如尘埃，目标不可能达到。一切的一切毫无意义——除非我们付诸行动。现在就付诸行动！

你有了一个幻想，就好比将军拥有了一张地图，但是不论这幅地图有多么详尽，比例多么精确，它也永远不可能带着将军的部队在地面上移动半步，更不要说攻占一座城池了。除非现在，将军就开始指挥部队行动！只有行动才能使手中的地图具有现实意义，发挥最大的作用。行动，像阳光和空气一样，能滋润你的幻想、赐予你的幻想以无穷的力量，使你成功。

所以，你必须现在就付诸行动。

因为一旦你拖延行动时间，惰性和恐惧或许会使你裹足不前。也许你已经发现了一个秘密：无论你的心灵深处如何勇敢、你的理想如何远大，在某一个角落都暗藏着恐惧，因为每个人都有对于失败和未知前途的畏惧，而成功的人往往将畏惧压制，使它没有机会吞噬心灵闪耀的火花。要知道，要想克服恐惧，必须毫不犹豫，马上行动！只有你的行动一开始，你心中的慌乱才能得以平定。除此之外还需要一颗平常的心态去积极地投入到行动中，将自己的幻想变成理想，树立自己奋斗的指航灯！

萤火虫是这样的一种动物，只有在振翅的时候，才能发出光芒。你要让自己成为一只萤火虫，即使在阳光灿烂的白天，也要发出光芒。一旦你振动自己的翅膀，你就会光彩照人。只要你行动，你的思想、你的行为便会发出光芒。

“不积跬步，无以至千里。”成功的推销员的业绩是优异的，但也是靠一个个小目标的达成积累起来的。

意志薄弱者难成大事

有一次，日本松下公司招聘一批推销人员，考试是笔试与面试相结合。录取的名额只有10人，可报考的却有几百人。经过一个星期繁忙的招考，最后通过电子计算机计分，选出了10名佼佼者。

当松下幸之助看录取者名单时，发现面试时给他留下深刻印象成绩特别出色的神田三郎没有在10人之列。他感到很奇怪，当即叫人复查考试分数统计情况。

经过复查，发现神田三郎综合成绩名列第二名，只因电子计算机出了故障，把分数和名次排错了，才导致神田三郎落选。松下幸之助立即吩咐纠正错误，给神田三郎发录用通知书。

第二天，给神田发通知书的助手向松下报告了一个惊人的消息：神田三郎因没有被录用而跳楼自杀了，录用通知书到时，人已死。

闻言，松下幸之助沉默了好长时间。助手在一旁自言自语说：“可惜了，这么有才的一位青年，我们没有录取他。”

松下不以为然地摇摇头说：“幸亏我们公司没有录用他。意志如此不坚强的人是干不成大事的。由这件事也可以看出，我们招工的试题是出得不合理的。”

每一个从事推销工作的人都面临着巨大的挑战，每时每刻都可能出现失败与挫折。推销员应当具有非凡的意志力，这也是社会对人才的要求，意志薄弱者成就不了大事业，有才能、有坚强的毅力，才会被社会接受。

“多么豪华的装饰呀！”“我家的生活水平简直无法与此相比！”等等，面对比自己更有能力，比自己更富有，比自己更有本领的人；面对未知的人、未知的世界而表现出自卑感。这种自卑感，使某些人把“每户必访”的原则变为“视户而访”。

他们躲过去的都是什么样的门户呢？就是在心理上要躲开那些令人望而生畏的门户，而只去敲易于接近的客气的家门。这种心理正是使“每户必访”的原则一下子变为彻底崩溃的元凶。

应该考虑到，尽管躲避一次是暂时可行的，但要想轻松的话，它必定会导致两次、三次的同样结果。是这样一种心理吧？那么，他们在什么情况下想要甩掉什么样的用户呢？大体有以下几种：

1. 曾受到冷淡拒绝的家庭和有同样印象的家庭。特别是当一日推销刚刚开始时，就受到冰冷拒绝。

2. 不管你承认不承认，遇到比自己或比自己家经济实力高得多的门户（从街门，房屋外观判断），当对自己的商品知识和推销技术没有信心时，这种心理最强烈。

3. 一清早就下雨等客观条件的原因，使自己心情不快时。

当处于以上几种条件时，往往就喜欢挑选易于接近的家庭进行推销。那么，他们为什么要躲避有些家庭呢？再请看如下补充：

1. 首先想到被访人的家门比自己的住宅的门大而气派。

2. 进入到最里面的一座房子，感觉到有物理上的、距离上的阻力。

3. 认为在门口或通过窗户看到的人在理智上和感情上是难以对付的人。

莎士比亚说："如此犹豫不决，前思后想的心理就是对自己的背叛。一个人如若惧怕'试试看'的话，他就把握不了自己的一生。"

遇到难访户不绕行，挨家挨户地推销，而不要养成躲避的习惯。把自己培养成为坚强的推销员，这是似乎遥远而又是一条最近的路。

失败与成功悖论

美国推销员协会曾经做过一次调查研究，结果发现：80%销售成功的个案，是推销员在连续5次以上的拜访所达成的。这一点证明了推销员不断地挑战失败是推销成功的先决条件。资料又显示了下列的结果：48%的推销员经常在第一次拜访之后，便放弃了继续推销的意志。25%的推销员，拜访了两次之后，也打退堂鼓了。12%的推销员，拜访了三次之后，也退却了。5%的推销员，在拜访过四次之后放弃了。仅有1%的推销员锲而不舍，一而再、再而三地继续登门拜访，结果他们的业绩占了全部销售的80%。

推销员所要面对的拒绝是经常性的，这需要每一位从业人员，拥有积极的心态和正确面对失败的观念。

一个人的心理会对他的行为产生微妙的作用，当你有负面的心态时，你所表现出来的行为多半也是负面与消极的。因此，你无法得到预期的结果。如果你真的想将推销工作当作你的事业，首先必须先拥有正面的心态。因此，不要再用“我办不到”这句话来作为你的借口，而要开始付诸行动，告诉自己“我办得到”。

坚持就是胜利，成功的推销员是不会怀疑这句话的。因为推销员与客户谈判是一个马拉松式的循序渐进的过程，由不得个人主观的出局，甚至放弃，否则前面的工作将前功尽弃，没有半点意义。

只要你在从事推销工作，无论时间长短，经验多少，失败都是不可避免的。但是，同样是经历风雨，有的人可以获得最后的成功，有的人却一事无成。因为，问题不在于失败，而在于对失败的态度。有些业务人员一次失败，就觉得是自己无能的象征，把失败记录看成是自己能力低下的证明。这种态度才是真正的失败。

如果害怕失败而不敢有所动作，那就是在一开始就放弃了任何成功的可能。当你面对失败的时候，是否可以像林肯那样，记住，勇敢的战士是屡败屡战，只有注定一生无成的人，才会屡战屡败。

失败和痛苦是滋润人生心灵的甘露，犹如雷雨之后，呈现的是艳丽湿润的彩虹。也许人生苦难多于幸福。如果你认为你的人生就是由一个个苦难链环连接而成，那么只有当最后接成一个大环时，它才会变成一个美丽的花环。如果你因为失败而痛不欲生，而萎靡不振，那是因为你还没有了解：没有失败，你就不会成长，踏尽崎岖路自平。请相信，失败，不如你想像中那么可怕，谁的一生当中没有失败的经历呢？但是一个勇敢的人，会用失败来让生命增加几许深沉，减少几许轻狂；增添几分稳重，减少几分鲁莽；增添几分理智，减少几分任性。所以，当下一次失败再次来临时，你可以坚强地面对它，让失败来磨砺你的心志。要相信当尘埃落定，黄沙出金，你便懂得：“任何艰苦卓绝和坚韧不拔，都会得到时间的回报。”冬天来了，春天还会远吗？

从另一个角度来讲，很多推销员失败的案例往往是由于对推销成功的迫切心理所致。

每一个推销员都希望自己很快地提高销售业绩，往往急功近利，在推销中会犯心浮气躁的毛病，结果是欲速则不达。

推销员已经完成了他的解说、产品示范及处理客户的各种疑问，现在就等待客户下订单了。

缺乏经验的推销员常会天马行空，不按常理出牌。他们往往太过于在意自己在这一笔生意中所能得到的佣金，以至于有时会在示范产品或处理顾客的种种疑问前，就急于想做成这笔生意。

一位寿险推销员向某公司老总推销寿险时，先解说了他们公司所承接的各种险种。同时，他在谈话的过程中收集了这位老总的一些资料。之后，这位推销员拿了一本含有更多有关资料的小册子给那位老总。当老总在读那本小册子时，他观察了另一间办公室里的其他人。这时，他向老总问了办公室大小及公司员工总数等问题，他的问题甚至还触及了公司每个月的平均工作任务完成量。

每当这位推销员问一个问题时，那位老总就得停下来回答他的问题。因此，他也一直找不到之前自己究竟读到哪里了？在他整理思路以便接下去读那本小册子的时候，他的思路又被另一个问题给打断了。

这位老总根本无法专心去读那本小册子。最后，他终于受不了这种方式而将小册子放在了桌上。而且，他也不愿意再回答任何问题了。接着他对那位推销员说：“你为什么不写一份企业计划书给我看呢？”言语之间，我们可以感受到这位老总已经迫不及待地想送客了。

可以想见，这位推销员在他再一次造访那位老总时，完成那笔生意就比较困难了。

做推销工作要遵循规则，心浮气躁是做推销员的大忌，只有按照一定的程序，才能一步步地达成交易。

推销员所要面对的拒绝是经常性的，这需要每一位从业人员，拥有积极的心态和正确面对失败的观念。从事推销工作的人，可以说是与顾客的拒绝打交道的人。战胜失败的人，便是最终成功的人。

推销员要严于律己

著名保险推销员法兰克·贝吉尔，有一个成功的工作信念：推销就是要主动去争取顾客，一个能力再平凡的人，只要能遵守每天认真而确实地拜访5个客户的原则，热忱地把保险的好处与他人分享，这样就能成功了。

贝吉尔从事保险行业的第一年即拜访了1849人，有82个潜在保险户，但只成交66件，只有1/29，可见初入此行，一切尚在摸索中，不论是知识、意志、技巧都未成熟，自然艰苦备尝。

后来当贝吉尔技巧逐渐成熟，经验日益丰富，达到每天拜访3个人，即有一位成交的工作效率。20年中，他每天拜访5人次，一生累计有4万人次的拜访记录，成果哪有不丰盛之理。

推销员的两个大敌：一为偷懒（坐而不行），一为未能充分利用时间。唯有严于律己，自我管理，才有充分的生机。有推才有销（推销）；有动才能活（活动）；有访才有结果（开花又结果）。

乔治·塞维兰斯是美国俄亥俄州人寿保险公司最著名的推销员。下面是一个与他有关的故事，但愿能够给你一些启发。

名噪一时的塞维兰，曾经是一个穷困潦倒甚至走投无路的人。他在后来为克莱门特·斯通出版的《无限的成功》一书中撰文道："终于有一天，我被自己负债的总额吓住了。我面临着真正的经济危机。那时，我记起了不知在哪儿看到过一句话'不要期待你本不期待的事情'"。也许时间对于推销员来说是最为宝贵的资产，受到这句话的影响，塞维兰打算记录一下自己是如何消费时间的。

他后来讲述说："我发现，每个月我和朋友一起喝咖啡就要用去32个小时。我惊讶地意识到，这刚好相当于4个工作日。我还发现，有时候我用在午饭上的时间，要比实际需要长出一个小时。"正像当时其他人用很多诸如成功记录表或者时间安排表等来记录自己做的事情，已准备用于今后进行自省一样，塞维兰也发明了一种社交时间表，用来记录每天时间利用与浪费的情况。他发现，当他检查自己的行为时，在很多时候，自己在工作时间里社交成功。但是，当使用社交记录表之后，他意识到，如果在工作日中社交成功，那么当天的工作一定是失败的。那么为什么塞维兰社交成功要比工作成功容易达到呢？你一定知道答案，因为你曾经肯定深有体会。

原因很简单，因为那些看起来无聊的社交活动，容易而且有趣。与之相对地是你的工作——不停地推销、攻克难关，这些事情让人头痛，毫无乐趣可言。所以，你可能开始像其他人一样，放纵自己，不加抵抗，拖延敷衍，为自己找出种种借口避免做那些原本就是你应该做的事。于是，你开始和周围的人一样避免行动，得过且过。可是你知不知道这种懒于行动的特点，或者说是一种不好的素质，是由人的天性决定的，但是有5%的人可以练就更加卓越的素质来使它消失，而其余95%却因为它的存在而在平庸中度过自己一生。这就是为什么总是只有5%的人获得成功。

要想使你的业绩更加出色，你必须保持以下几个数量的足够大：

1. 准顾客数量要足够大。

所谓推销，就是你找到一些人，然后把东西卖给他。一般而言，你的销售额与你所寻找到的准顾客数量成正比。如果你寻找到10位顾客做成一笔生意的话，那么，你寻找到100位顾客就可能做成10笔生意，找到1000位顾客就可能做成100笔生意。正如英国一句推销格言："你的准顾客多，你的钱包就不会瘪。"

有一些推销员每天出门推销时还在考虑，今天我向谁推销呢，这是无法造就一个成功推销员的。

2. 拜访顾客的次数足够大。

美国由推销员起家成为亿万富翁的"刷子大王"佛勒说："你敲门的次数越多，你的销售业绩就越高"。

推销员不仅要拜访更多的顾客，而且对同一位顾客也要做多次拜访。日本最佳推销员平均每得到顾客一份订单，需要对他拜访6.4次。他们不厌其烦地拜访顾客，以致有的顾客对他们说："你这种顽强的劲头，我算服了。"于是，下决心购买；然而，有一些推销员只拜访顾客一两次，甚至一次，被拒绝后就不再去推销。平均法则对推销员提出了忠告：在断了念头之前，还是要增加拜访次数。不播种就不能发芽，推销员的播种就是一次又一次地拜访顾客。

3. 被拒绝的次数足够多。

推销员在面对顾客拒绝时继续推销的次数越多，销售业绩就越高。

一位超级推销员提出，推销员应以他听到的顾客说"不"的次数多少拿奖金。以年签订4988份合同而创世界纪录的日本推销大王齐藤竹之助向五十铃公司推销保险，在3年内拜访客户300多次，每次碰壁之后都不沮丧，终于说服以不参加保险为企业原则的五十铃公司投了保。

4. 向顾客提出成交次数足够多。

如果你没有拿到订单，你就是在为竞争对手工作。没有成交就是失败。推销员得到订单的可能性，与他向顾客要订单的次数成正比。

美国一位超级推销员依自己的经验指出，一次成交成功率为10%左右。他总是期待着通过两次、三次、四次、五次、六次的努力来达成交易。据调查，推销员每获得一份订单需向顾客提出4 ~ 6次成交要求。在第一次提出成交要求遭拒绝之后你不再努力了，就不会有第4 ~ 6次后的成功。毛泽东说：“胜利就在于再坚持一下的最后努力中。”你再坚持提出一次成交要求，就有可能达到目标。

5. 拥有忠诚客户的数量足够大。

推销员所拥有的老客户数量越多，你的销售业绩就越高。

如何克服恐惧心理

初为推销员，是不是当你面对陌生人，准备开口说话时，经常会出现心“砰砰砰”地加快跳动，准备好的问候语或开场白一下子忘得干干净净呢？这时候，我们会更加羡慕那些能够不慌不忙和陌生人侃侃而谈的成功推销员。

什么时候才能像他们那样谈笑自若呢？

其实，他们和你一样，对初次见面的人也存在着惶恐不安的心理，区别只是他们知道如何调整自己，驱除心中的紧张罢了。

每一个从事推销的人最初都会有恐惧感，如果更进一步问他们到底怕什么，他们会说：

“我只是害怕，自己也不知道为什么。”

“我一向就不愿和陌生人打交道。”

“向陌生人推销，人家烦我怎么办？”

“我凭什么改变别人的想法呢？”

“和人家非亲非故而去打扰他，如果对方一拒绝，我怎么办呀？”

“我晚上睡觉前还挺有决心，天一亮就不敢了。”

答案虽然各不相同，但是对自己没有信心，害怕被拒绝是主要的原因。其实，勇气不是天生就有的，它也是靠我们后天培养的。在第二次世界大战中带领人民顽强地抵抗希特勒的英国首相丘吉尔，有一段名言：“一个人绝对不可在遇到危险的威胁时，背过身去试图逃避。若是这样做，只会使危险加倍。但是，如果立刻面对它毫不退缩，危险便会减半。决不要逃避任何事物，决不！”

推销员在面对陌生人时，往往不敢迈出第一步，而是试图背过身去逃避。其实，只要你能鼓动勇气，勇敢地迈出这第一步，以后的事就不会令你觉得那么困难了。只要你做到以下几点，一定会克服恐惧心理。

1. 相信自己

自信心是一切事业成功的基础。在推销事业中，相信自己则意味着不仅仅相信自己的办事能力，而且相信自己选择推销事业的正确性，相信自己的选择能够给每一个人带来健康、财富和事业，相信自己是把产品把爱心和朋友们分享。只要树立了这种职业的自信心与自豪感，你自然会勇敢地走向陌生人。

2. 评估对方

两人初见面时，往往会自然地在乎别人对自己的评价。但作为推销员，如果时时在意对方的想法，心理上就会有患得患失之感，产生巨大的压力，当然会显得紧张无措。所以，你不如暂时忘记自己，反过来评价对方：仔细观察对方的表情、服装、说话神态，找到对方的缺点。这样，在心理上你就能从被动变为主动，产生与对方平等的感受，压迫感与恐惧感随之减缓。

3. 大声说话

在初次见面的场合，你不妨试着尽量放开声音，大声寒暄，有力地握住对方的手，开个无伤大雅的玩笑或爽朗地大笑，都会使紧张的心理迅速缓解，害怕与畏缩也就被抛到九霄云外了。

4. 寻找优点

一位著名的教育家说过："每个人必有其长处，心怀自信就会无往不利。"所以，在和陌生人会面前，请想一想自己优于他人的地方，即使是自认为微不足道的长处，也可以运用自我扩大的方法，扩大成足以自豪的优点，将那些自卑感驱逐出去，提高自信，消除不安。

5. 心情放松

我们的生活中总会有些日常琐事让人烦躁不安。你可能刚刚和妻子吵完架，也可能正因为孩子的不听话而生气。请你千万记住：不愉快的情绪会带给对方不愉快的印象。因此，在和陌生人会面时，一定要抛开不顺心的事，想一些让自己高兴的事，试着哼几句喜欢的歌，踩着轻快的步伐，让心情飞扬起来，把一个快快乐乐的你，呈现在别人面前。这时，你还会紧张吗？

6. 人非圣贤

人们初见面时，总是容易被对方外在的地位、头衔镇住，心理上不自觉地就产生压力。其实，你完全可以让他褪去那些耀眼的光环。他们和你一样都是有血有肉的人，也是从一个小娃娃一天天长大的，肯定也干过把两只脚塞进一个裤管的尴尬事，肯定也有着人性脆弱的一面。所以，你只要想着：“同样为人，我何须惧怕他呢？”就会让紧张的心情轻松下来。

7. 看淡得失

与人交往时，希望马上达到目的，往往会欲速则不达，反而因急于求成而显得慌乱、僵硬，使自己窘态毕现，无法发挥实力。所以，在走近陌生人的时候，不要把第一次见面的得失看得太重，只要告诉自己，与对方建立良好的关系，取得再次见面的机会就够了。这样，你就会心平气和、从容自若地与人交往了。

七种品格很重要

1. 必胜的信念和旺盛的意志

专家指出，一支新组建的球队在比赛中拼尽全力争取出线，体育记者在报道时经常称其队员具有强烈的“获胜欲望”。每一个教练员都欣赏运动员的这种性格。同样道理，每个保险公司也会欣赏保险推销员具有百折不挠的夺取胜利的性格。运动员有了上进的要求和取胜的欲望才会认真地研究竞赛规则，才会进行长期艰苦的训练，才会热切而不是沉闷地接受教练的指导，为了成为第一流的运动员，他们是会尽其所能的。我们从各行各业的杰出人物身上都会见到这种特点。作为保险推销员自然也不例外。我们常说某个人思想上坚定，就是指此人决不会让逆境和失败影响他做好工作和夺取胜利的决心。保险推销员干业务如果不够坚定，他干不了多久就会半途而废。因此，不能让工作中的困难和障碍消磨掉你的斗志和决心。

2. 灵活方便的思维方式

专家指出，在不断获取经验并能初步做到办事胸有成竹的过程中，保险推销员的自信心也随之建立起来。不过在你树立起自信心和增长才干的同时，你还必须具备灵活多变的思维方式和谈话技巧。作为一名优秀的保险推销员应当时刻考虑到他人的情感，在谈话时必须避免使用分析的方式，尤其是对有争议的问题。通常人们在接受保险推销员的咨询和服务时，往往对保险推销员的态度特别敏感。有时直截了当的正面宣传可能会令他们产生反感，而不能使其信服。为此我们不妨把我们的意见作为一种看法客客气气地讲出来，完全没有必要说这种看法是放之四海而皆准的，也不必要求听者绝对认同。当然，在介绍产品优点时却不用客气，这时必须保持坚定明确的立场。如果你想把人际关系搞得融洽一些，你就应这样开口说话："根据目前的形势，我个人认为……"这句话的分量不轻，绝不亚于那些坚持自己一贯正确的人的声明。

3. 信誉就是生命

专家指出，有了自信心之后，还要让客户觉得你是确实可信的，这也是个基本品格。尤其对保险推销员来说，如果你对客户说"星期天晚饭前把商品送到您手中"，你就必须遵守自己的许诺，哪怕是放弃了自己的休息日也要向客户兑现。而且对你所售商品的使用方法及其各种功效也应做到有一说一，有二说二。这就是对保险推销员优良品格的最基本要求。诚实可靠、言行一致、不说大话、严守信誉，这是与顾客建立长期稳定关系的基础。

4. 丰富的社交知识

专家指出，作为一名保险推销员还应具备一些必要的社交知识。灵活多变地加以运用，以应付各种不同社交场合。这也是对一名保险推销员的基本要求。如果一名保险推销员无法提高这种能力，其社交知识始终非常贫乏，那么他也就应另谋生计了。

5. 忍耐和宽容

专家指出，作为一名成功的保险推销员，同时也应是一名交际专家。其圆滑的态度不但表现为会因人而异地谈话，而且还表现为他能将自己想说的而不适合说的话强咽下去；因为买主随时都会讲出难听的话，使得你总想进行猛烈的反驳，但“老练”的业务员将会把到了嘴边的申诉之词咽回去。现在有人常讨论著名的“沉默是金”论，认为它是人类诸多优良品格之一，具体来讲即是要求保险推销员应注意培养忍耐和宽容的性格，具备礼貌客气地听取他人讲话的能力、这一点，对于保险推销员来说，尤其重要。因为买主或顾客一般都喜欢那些不仅善于讲话，而且善于听别人讲话的人。所谓善于听别人讲话包括：聚精会神地聆听，并不断点头示意表示理解，不要轻易打断对方，尤其是不要乱插嘴。顾客说话的时候习惯了慢慢腾腾，你或许能将他的话表达得更清楚、更完美，但你千万别这样干。如果我们善于让买主把话讲出来，那买主也会允许我们畅所欲言，而且顾客讲得越多，我们了解的情况就越多，在以后的洽谈中会派上用场的。有一句谚语是这么说的：“一直不住嘴说话的人是探测不到军情的。”

6. 尊重别人就是尊重自己

在保险推销员的社交能力方面，圆滑的基础并不是虚伪，而是对客户的真正尊重。第一流的保险推销员都有一个明显的特点，那便是他们善于发现别人的优点，而不喜欢别人的毛病。他们以慈为度、宽为怀，其原因是他们像尊重上帝一样的尊重任何一个顾客。有些人似乎认为，老朋友之间相互说几句风凉话是没有关系的，只要不对陌生的客户就行。但我们说，这非但不是与买主交朋友的好办法，而且也是对顾客的不尊重，因为任何人也不可能用这种办法交到众多的朋友。因此我们应当避免做任何可能伤害客户感情的事，这一点对于保险推销员来说完全能够做得到，只要他们对待客户怀有一片真心。另外需要注意的是，与买主激烈的争吵一番也是绝对不会做成什么买卖的。美国前总统西奥多·罗斯福当初就反对在高中甚至大学搞辩论比赛。他觉得辩论赛培训的那种见面就争吵的习惯是非常不可取的，特别是在一个高度发达的商品经济社会中。

7. 切忌浮躁

许多东西是需要时间才能获得的，比如，保险推销员的能力、大笔的收入及保险推销员等级的上升等。在美国，有一个年轻的业务小姐曾为专门经营公司必需品的业务公司工作，一直干得很出色，但她只能拿到零售额10%的收入，而另一个小业务公司的负责人对她讲，他可以给她总零售额的25%。那位业务小姐仅凭这一点便换工作来到了这个小公司，但没有过多久便发现由于产品及信誉方面的原因，这里根本做不成一件像样的生意，原来公司的10%还算可赚，而现在的25%却几乎等于零，现在她终于明白了她以往为什么不怕将更多的利润留给业务公司。这是因为她的生意之所以能经常成功全靠该公司高质量的产品及公司在社会上良好的形象。所以说，浮躁经常会破坏冷静的判断，不知有多少有希望的年轻人因此摔跤而毁掉了自己的刚刚起步的事业。

拥有更多失败的经验

人们常常以为成功者一定有许多成功的经验，其实恰恰相反，每个成功者都有许多失败的经验。区别在于，成功者从失败中汲取教训，百折不挠，而失败者则沉湎于痛苦，不能自拔。

每个推销大师都有许多失败的经验。有一次，原一平和一位资深的同事一起去做客户拜访。在访问一家百货店之后，那位同事觉得很劳累，好在预定的访问任务完成得不错，只剩下有限的几处。原一平决定自己单独前往，留那位同事在百货店休息。

完成了剩下的几处访谈之后，原一平已累得东倒西歪，连步子都迈不稳了。那天恰巧又比较热，原一平不由自主地放松了自己，帽子歪斜着，衣扣不整，敞了领口。他匆匆忙忙赶回那家百货店会合同事，推开玻璃门，一边喊一边撞进去。在原一平心里，和那百货店的老板已经是很熟了，便把应该有的礼貌仪容全都抛在了一边。

那位同事已经先走了，百货店的小老板见了原一平那副模样大为不满，愤怒地说："早知道你们是这副模样，我压根儿不会投你们的保险。我是信任这家保险公司，但没想到你们这些员工却是这么无礼、随便……"

一席话把原一平骂醒了，他完全没有料到自己一时疏忽会带来这么严重的后果，损害了公司的信誉，没准还会使已经达成的协议前功尽弃，甚至还会影响附近其他的准客户。

想到这里，原一平大汗淋漓。他急中生智，立即跪倒在小老板面前，伏地向他道歉。这个动作有些夸张，把那个小老板看愣了，但也最彻底地表达了原一平的诚意。

这件事的结果终于发生改变，原一平和小老板消除了不愉快，反而还亲近了。小老板主动提出把保险金额提高，比已商定的数额高了好几倍。

虽然有这样好的结果，可原一平的心里并不轻松，好多天都被自责和羞愧缠绕着，这是根本不该发生的事！那一刻，原一平的自制力、人格修炼、事业心都到哪去了！跪下道歉是万不得已的举动，他已感到无路可走。可无论怎么说，那对人的自尊仍然是一种伤害。

原一平久久不愿忘记这个故事的前半部分，他要记住这个失败，永不重犯。推销员的工作十分特殊，从一开始就必须面对失败，即从失败开始。保险业有句经常能听到的话，“拒绝是推销的开始”。

对于初学推销的年轻人来说，首先就要做好最充分的思想准备，十次访问将有十次被拒绝。

所以说，在所有的行业中，也许只有推销才是完完全全建立在失败之上的。

原一平的自传中，有过这样一个记录：为了能见到一个准客户，他曾将近10小时等候在某公司大厦的出口，不吃饭，不喝水，也不敢轻易离开，那种心境和处境是很难用语言来描述的。原一平最终见到了那位准客户，跳到汽车的踏板上拦住他，然后在那位先生的汽车里达成了投保协议。

原一平最终胜利了，假如从那近10个小时看，他其实是失败者。还有他曾多次拜访一位老人，却又一直不知道这就是他要拜访的对象。为接近某个特别的准客户，他特地订制与那人质地、款式、色泽完全相同的西装，连领带也配成完全一样；甚至为了解客户的情况，他逛洗衣店、菜市场，与清洁工、送货员亲切交谈；更值得指出的是，为了记录准客户的情况，他每月大约整理一千张卡片，几十年如一日从不间断。

谁也无法说清原一平到底遇到过多少挫折，用百折不挠来形容也远远不够。原一平说，他所取得的每一点成功的背后，都“堆满了”失败和痛苦。

想想看，没有钱吃午饭，没有钱搭电车，没有钱租哪怕最低廉的房子，只能在公园长椅上栖身的原一平，仍然能哼着小曲，面带笑容，走过闹市，走过诸多就餐的同事，走向他的准客户，这需要多么大的勇气和毅力！

又瘦又小的原一平就是这样走过了他的推销之路。他把所有的苦难和艰辛都当作生活为了磨炼他而出的试题，把所有的机遇和成功都当作社会给予他的酬报。可以说，这就是推销员的榜样。

坚信你是正确的

一个人的自信，常常能够把他引向成功的道路。特别是与三菱银行总裁的一场冲突，使原一平因祸得福。这件事情发生在原一平进入保险公司的第7年，当时他33岁，推销业绩已是相当不错。但这个永不服输的小个子仍然狂热地工作着，他把生命的光和热全部投注在工作上。同时，他的梦想又开始飞扬了。他想到，保险公司是日本三菱财团下属的一家公司，该财团的最高负责人是丰田万藏，他是三菱总公司的理事长，也是三菱银行的总裁，又兼任保险公司董事长。

有一天，他突然闪出一个念头：三菱银行一定融资或投资许多公司，三菱银行的总裁丰田万藏先生也是我们公司的董事长，我若能得到丰田万藏董事长的介绍信……这个念头使他心跳加快，兴奋不已。但他又问自己："这么简单的道理，这么简单的关系，为什么7年来都没想到呢？太不动脑筋了。"于是，他立即开始行动。

原一平首先去找公司的业务最高主管——常务董事阿部章藏，向他说明自己的"伟大计划"。阿部章藏董事一言不发地听他把话讲完，然后说："你的计划很好，如果你的计划能够成功的话，我也很高兴。我们公司虽然隶属于三菱财团，不过，当初三菱投资保险时，讲明了决不介绍保险。所以，如果我代你向丰田万藏董事长请求介绍信的话，可能我明天就被革职了。"

阿部章藏董事的话，使原一平失望极了，但他决不愿放弃最后的努力。他又问："请问常务董事，我可以单独去见董事长，直接向他请求吗？"

阿部章藏董事愣了一下，但他从原一平的神情中看到这个年轻人非干不可的决心。于是，他说："你就去试试看吧！"

在一个星期六的早晨，原一平满怀希望和信心，去拜访丰田万藏董事长。

9点整，原一平被带进董事长的会客室。然而，从9点到11点，原一平等了两个钟头，也不见董事长的影子。他坐在沙发里，竟不知不觉地睡着了。当他从梦境中突然被人推醒，他的眼前出现了在照片上早已面熟的丰田万藏董事长。

看到他醒来，丰田万藏董事长劈头就大声问："你找我有什么事？"惊慌中的原一平把平时演练的那一套本事忘得一干二净，结结巴巴地说："我……我是保险公司的原一平。"

未等他把话讲完，董事长又来了一句："你找我到底有什么事？"

"我要去访问日清纺织公司的总经理，想请董事长帮助我，给我写一张介绍信。"

"什么？保险那玩意儿也是可以介绍的吗？"

这就是原一平和丰田万藏董事长的简短谈话。

没想到的是，丰田万藏董长的话使原一平那暴烈脾气突然爆发了。他上前跨了一大步，并大骂："你这个混账东西！你刚刚说'保险那玩意儿'了。公司不是一再告诉我们，推销人寿保险是神圣的工作吗？你这个老家伙还是我们公司的董事长啊！我要立刻回去向所有员工宣布……"原一平说完之后，怒气冲冲地夺门而出。

一冲出大门，原一平立刻为自己粗野的行为懊悔不已。他六神无主地在街上徘徊，泪如泉涌，最后还是走回公司。他打算向阿部章藏董事道歉之后，立刻向公司递出辞呈。

但事情后来的发展却完全出乎原一平预料。丰田万藏董事长事后马上给阿部章藏董事打来电话，他说公司刚刚来了一个很厉害的年轻人，吓了他一大跳。但当他经过仔细思考后，发现这个年轻人的话很有道理。他自认以前对保险有偏见，作为保险公司的高级主管，他不仅应该对保险有正确的看法，而且应当积极地去推进保险业务的扩展才对。阿部章藏董事拍着原一平的肩膀说："董事长告诉我，今天虽然是星期六，但还是立即召开高级主管紧急会议，要把三菱关系企业职工的退休金全部转投到我们的保险公司。他还夸奖你是优秀职员呢！"

对于原一平来说，这一天发生的一切仿佛是一场梦。等他迷迷糊糊地回家时，已经是深夜了。很意外地，信箱里躺着一封丰田万藏董事长寄来的信。信中说："今日承蒙拨冗来访，却招待不周，十分抱歉。明天为星期假日，本不应劳神，但特邀拨冗光临寒舍。"原一平拿着信反复读了十几遍，再用拳头敲打自己的脑袋，终于相信这一切的确是真的。

次日一大早，原一平走进了丰田万藏董事长那宽大的宅院。董事长热情地欢迎他的到来，在谈话告一段落之后，董事长提议去三越百货公司。他说："一名优秀的推销员，仪表是很重要的，给你买一套西装吧。"

穿上董事长给他买的衬衫、西装、皮鞋，一个崭新的原一平出现了。董事长点点头说："这个样子就行了，星期一上午9点半，到三菱银行来找我。"

就这样，原一平的名字在三菱银行传开了，凡是他需要的客户，三菱银行各分行都介绍给了他。拜见丰田万藏董事长一事，给原一平最大的启发是：任何事情，只要你坚信是正确的，事前切勿顾虑过多，最重要的是，拿出勇气全力冲过去。过分的谨慎，反而成不了大事。

1964年1月，原一平收到一封国际协会从美国寄来的信。该协会是一个国际性的权威机构，他们颁发学院奖，以表扬对各国的企业、教育、文学、音乐等各方面做出卓越贡献的人。这一年，协会决定将学院奖颁发给原一平。这是全世界推销员的最高荣誉。原一平拿着信自问："我真的当之无愧吗？"花甲之年的原一平决定把他几十年用心血所积累的推销经验总结出来，使更多的人受益。

自信是推销员不可缺少的气质

自信，对于一个推销员的成功是极其重要的。

当你和客户会谈时，言谈举止若能表露出充分的自信，则会赢得客户的信任，客户信任了，你才会相信你的商品说明，从而心甘情愿地购买。通过自信，才能产生信任，而信任，则是客户购买你的商品的关键因素。

自信是积极向上的产物，也是一种积极向上的力量。自信是推销员所必须具备的，也是最不可缺少的一种气质。

那么如何才能表现出你的自信呢？首先你必须衣着整齐，抬头挺胸，笑容可掬，礼貌周到，对任何人都亲切有礼，细心应付。这样，就容易使客户热爱你，从而增强你的自信。如此，你的自信也必然会自然而然地流露于外表。

纵然开始时信心百倍，那么应该如何保持自信呢？因为推销员经常是满怀热心，敲开客户家门却遭到客户冷言冷语，甚至无理侮辱。这样你的自信就很容易消失了。

怎么办呢？这就要看你的自信心是否坚强了。你一定要沉住气，千万不要流露出不满的言行。要知道，客户与你接触，并不会去意识自己的言行是否得体，而总是在意你的言谈举止。客户一旦发现你信心不足甚至丑态百出，则对你的商品就不会有什么好感了；即使他还是认为你的商品质地优良，很合其需要，也会得寸进尺，见你急于出手商品，便会乘虚而入，使劲压价，就因为你失去了自信。

由此可见，推销员必须表露出自信。客户通常较喜欢与才能出众者交手。他们不希望与毫无自信的推销员打交道，因为他们也希望在别人面前自我表现一番。再者，他们怎么能够情愿和一个对自己的推销及商品都缺乏信心的人洽谈生意，从他那里购买商品呢？

如果你对自己和自己的商品充满了自信，那你必然会有一股不达目的绝不罢休的气势。坚持下去，胜利终究属于你！

而不自信，就可能使交易失败。在导致自己失败的消极态度中，罪魁祸首就是推销员预先失去信心，认为自己无法将商品出售的想法。

客户对于商品，经常都怀有相似的不满和疑问，因此，在面对客户时，不可以自认为无法销售，或表现出面有难色的神情。你如能自我演练，精心计划，相信你一定能卖出商品。

你一定要相信，你能够获得成功；即使遇到挫折和失败，也不能丧失信心。自信还可以使你的商品增色许多，对于客户，自信比你的商品还要重要。有了它，你就不愁不会反败为胜。

自信的推销员面对失败仍然会面带微笑："没关系，下次再来。"他们在失败面前仍会很轻松，从而能够客观地反省失败的推销过程，找出失败的真正原因，为重新赢得客户的购买而创造机会。

自信会使你的推销变成一种享受，你就更不会讨厌它了。想一想就会明白，不自信的推销员一定会把推销当作是去受罪，是到处求别人的令人厌烦的工作。然而自信却能使你把推销当作愉快的生活本身，既不烦躁，也不会厌恶，这是因为你会在自信的推销中对自己更加满意，更加欣赏自己。

自信既是推销员必备的气质和态度，又可说是能倍增销售额的一个妙计，因为自信也有分寸，不足便显得怯懦，过分又显得骄傲，所以，需要推销员善加把握。总之，如果你想成为成功的推销员，从而不断地倍增你的销售额，那么你就应该时刻充满自信，信心十足地去迎接客户，迎接挑战！

自信与他信逻辑

心理学家在一个班的学生中挑出一个最愚笨、最不招人喜爱的姑娘，并要求她的同学们改变已往对她的看法。

在一个风和日丽的日子里，大家都争先恐后地照顾这位姑娘，向她献殷勤，陪送她回家。大家有意识地从心里认定她是一位漂亮、聪慧的姑娘。

结果怎样，不到一年，这位姑娘出落得很好，连她的举止也同以前判若两人。她愉快地对人们说：她获得了新生。

其实，她并没有变成另一个人——然而在她的身上却展现出每一个人都蕴藏的美，这种美只有在我们相信自己，周围的所有人也都相信、爱护我们的时候才会展现出来。

推销员是和人打交道的工作，从事该工作需要直接面对客户。要想叫客户高高兴兴从口袋里拿出钱来购买你的产品，首先要让他相信你的产品，在此之前，你必须先要让他相信你这个人。可是如果你不自信，何来“他信”？

到外企面试过销售职位的人都知道“aggressive”这个英文词。这个词的意思是“侵略的、爱寻衅的，敢作敢为的，有进取心的”。不光是外企，所有的业务经理都希望自己选中的推销员都够“aggressive”，意思就是要他们个个都积极进取，主动进攻。但是一定要记住：“aggressive”的前提是建立全面的自信。

推销员所从事的工作是易遭顾客拒绝的工作之一。正如乔·吉拉德所说：“推销始于拒绝。”面对顾客的拒绝，一个优秀的推销员唯一的选择就是抱着“不定什么时候，一定会成功”的坚定信念——即使顾客冷眼相对，表示厌烦，也信心不减，坚持不懈地拜访顾客，才能“精诚所至，金石为开”，最终取得成功。

推销员的工作又是不易取得成绩的工作。它不像工厂里的生产，只要开动机器，就能制造出产品。很多时候需要忙忙碌碌，走遍千山万水，费尽千辛万苦，说尽千言万语，也难以取得成效。但是作为推销员，你要相信，你从事的是向顾客提供利益的工作，你必须坚信自己的产品能够给顾客带来利益，坚信自己的工作是服务顾客，你就会信心百倍地说服顾客。反过来，如果你都对自己的工作和产品缺乏自信，甚至把自己所从事的这样一个伟大的工作理解为求人办事，看顾客的脸色，听顾客那些难听话，那么，你还是改行吧。这样一个富有挑战性的工作是不适合你的，它只青睐足够自信的人。

推销员的自信心，就是推销员在从事销售活动时，坚信自己能够取得推销成功的心理状态。相信自己能够取得成功，这是推销员取得成功的绝对条件。吉拉德说："信心是推销员胜利的法宝。"乔·坎多尔弗说："在推销过程的每一个环节，自信心都是必要的成分。"在你的工作当中，你会与形形色色的人打交道。你的客户当中有些人财大气粗、权位显赫，有些博学多才、经验丰富。你势必要与在某些方面胜过自己的人打交道，并且需要说服他们，赢得他们的信任和欣赏，这就要求你必须坚信自己的能力，相信自己能够说服他们，然后信心百倍地去敲顾客的门。如果推销员缺乏自信，害怕与他们打交道，胆怯了，退却了，最终会一无所获。如果你还因为自己年轻、公司小、产品不出名、客户的官儿大等失去自信，那你永远都不能够做到"aggressive"。敢于进攻的心理基础是自信。要想叫他人相信你，你就首先要相信你自己。"他信"也是建立在自信的基础上。如果你到现在还是不太满意自己的自信心表现的话，建议你可以在见重要客户之前稍做排练，可以在心里不停地向自己说"我是最棒的，我所代表的公司是最好的，我所销售的产品是最适合你的，我一定能够使你成为我忠实的客户，并购买我的产品"。

相信自己的产品，相信自己的企业，相信自己的业务能力，相信自己肯定能取得成功。只有这样的自信，才能使你发挥出最大的潜能，战胜各种困难，获得成功。

你的自卑被扫地出门之后，何时建立自己的信心呢？不要等待，就在此时！自信心是一个强大的心灵力量，是一种自我信念的建立。那你要如何培养自己销售的心灵力量呢？心灵的力量就来自你的信念，作为一位优秀的业务人员，建议你从现在开始，建立下面的信念。

确信自己所从事的工作对客户是有贡献的。欧莱雅为什么能够建立全球性的企业，因为它相信自己能带给人们美丽的希望。IBM 为什么能够成为世界上最大的信息处理公司，因为它相信自己对客户的贡献在于替客户解决问题。如果你是一位中小学教师，你就应该确信国家未来的命运掌握在你和你的同行手中，那么在教育祖国的花朵时，别人就能感觉到你的眼神中那股神圣的光辉。作为一位优秀的业务人员，必须知道什么使你坚信你能带给客户贡献。

成为优秀业务人员的第一个信念就是：确信自己能提供客户有意义的贡献，自己所从事的职业是造福于人的。如果在你的心中没有这种信念，你是无法成为一流推销员的。

关心自己的客户。真心诚意地关心自己的客户是你必须具备的第二个信念。关心是赢得信任的敲门砖，而信赖则犹如冬日的暖流、酷暑中的清风，它可以扫除人与人之间的隔阂。信任在销售过程中是最珍贵的触媒，一旦推销员拥有了它，客户就会成为你的朋友，你忠实的业务对象，他不再对你设下防备的栅栏，他会坦诚地向你诉说他真正的期望，剩下的问题是你如何尽最大努力满足他的期望。你是否常常苦于面对客户时，找不到共同感兴趣的话题，而羡慕那些能和客户愉快交谈的同行呢？告诉你，如果你能真诚地关心你的客户，你就一定能找出谈不完的话题，“关心”不能仅止于“我真的想关心你”，一句你说出来的话或者只是在你心中默念的一句台词，关心需要实际行动，需要让你的客户真正感受到无形的“关心”真实地存在！关心是“知道客户想什么”，关心是“知道客户的喜好”，关心是“知道什么样的信息客户需要”，而且你会及时提供给他，关心是“不管生意做成做不成，大家都能做个好朋友”。

推销工作对于任何一个人都并非一路鲜花掌声，最要紧的是我们自己要对自己有信心。我们必须相信，我们对一件事情具有天赋的才能，并且，无论付出任何代价，都要把这件事情做得最好。

推销员要提高心理修养

一位心理学家想知道人的心态对行为到底会产生什么样的影响，于是他做了一个实验。

首先，他让10个人穿过一间黑暗的房子，在他的引导下，这10个人皆成功地穿了过去。

然后，心理学家打开房内的一盏灯。在昏暗的灯光下，这些人看清了房子内的一切，都惊出一身冷汗。这间房子的地面是一个大水池，水池里有十几条大鳄鱼，水池上方搭着一座窄窄的小木桥，刚才，他们就是从这座小木桥上走过去的。

心理学家问：“现在，你们当中还有谁愿意再次穿过这间房子呢？”没有人回答。过了许久，有3个胆大的人站了出来。

其中一个小心翼翼地走了过去，速度比第一次慢了许多；另一个颤巍巍地踏上小木桥，走到一半时，竟只能趴在小桥上爬了过去；第三个刚走几步就一下子趴下了，再也不敢向前移动半步。

心理学家又打开房内的另外9盏灯，灯光把房里照得如同白昼。这时，人们看见小木桥下方装有一张安全网，只由于网线颜色极浅，他们刚才根本没有看见。

“现在，谁愿意通过这座小木桥呢？”心理学家问道。这次又有5个人站了出来。

“你们为什么不愿意呢？”心理学家问剩下的两个人。

“这张安全网牢固吗？”两个人异口同声地反问。

很多时候，推销员工作就像通过这座小木桥一样，暂时的失败恐怕不是因为力量薄弱、智力低下，而是周围环境的威慑——面对险境，很多人早就失去了平静的心态，慌了手脚，乱了方寸。

对推销员的内在素质或心理素质的描述，许多著作中都作了归纳，但大同小异。

作为一个优秀的推销员，经常地进行心理修养是十分重要的，因为它可以决定你是否永远保持成功不败的纪录。为了达到此目的，下列原则是应该遵守的：

培养积极的人生观。人生观是决定人生方向的主要因素。你的人生，是成功是失败，人生观便决定了大半。

人生观有两种，一种是积极的人生观，另一种是消极的人生观。凡是有成就的人，无不怀有积极的人生观，他们常在困境之中，以积极的人生态度和不屈不挠的毅力，克服困难而获得成功。

乐观

陷于苦境，在失望无依的情况下，亦需要乐观。乐观是积极的人生观的表现。即使以战争来说，如果敌我兵力对比是7 ：3，当然我方是处于劣势。可是士气一经激发，即使胜不了对方，亦能坚强地抗击，而敌方在我方的猛击下亦将深受困扰。在敌我对峙下，形势可能会改变，甚至于可以胜利；反之，如果士气低沉，军心涣散，不待敌方攻击，自己的阵容就早已崩溃了。

坚忍

坚强地去达成目的，在抵达前，对一切都要忍耐。坚信事业必定成功，这就是推销员的精神支柱。即使在达成的道路上会碰到许多艰难曲折，但只要有了坚韧的精神，任何难关都是不难闯过的。这就像进了一间伸手不见五指的暗室一样，必须一点点摸索着墙壁往前走，逐渐开始发现有极弱的光，再走就有些光明了。而继续往前去，就能看到耀眼灿烂的阳光了。这又好比一根杂草，它首先要熬过寒冷的冬天，到了初春返青以后，又会遇到人畜的践踏、车轮的碾压，以及种种的摧残，可是它仍然茁壮生长，一直到开出小花、结出果实，并且尽量地将种子传播到更广阔的原野上去。

善于调剂

适当变换工作内容，保持旺盛的精力。唐诗中有“离离原上草，一岁一枯荣。野火烧不尽，春风吹又生”的绝句，像野草这样的坚韧精神，是值得推销员效法的。反复做同一种工作，很容易使人厌倦、乏味，工作效率也会逐渐地降低。比如阅读、记录书稿、接电话、研究、复杂的判断工作，等等，这些工作时间一长，都有可能使人精神疲惫、注意力不集中。在这种情形下，不妨换换其他的工作，作为调剂心身的滋养品。

自励

就是要有雄心壮志和奋斗目标。无论是谁，只要受到了鼓励，就会拿出精神来做事，自己鼓励自己也是必不可少的。自励的原则主要是理想目标的实现。

培养积极的人生观

每天起床，要暗示你自己，一定要快快乐乐地过一天。只要你如此暗示自己，你的潜在意识，自然会引导你到快乐的天地里去。

凡事不要斤斤计较，要往好的一面去看，把心胸敞开，昂首阔步，勇往直前。

所谓“没有办法”，是用旧的方法没有办法，若用新的方法一定有办法。

欣然接受别人诚心的批评。

凡事不可吹毛求疵，警惕自己不要成为一个小心眼的人。

多与达观、开朗、成熟的人来往。

有的时候，我们的推销失败的原因不是因为我们外在的条件差，而是因为我们没有调整好心态．没有控制好情绪，一切都流于浮躁。

塑造自我

从某种意义上讲，大多数的人都是天生的推销员。从我们很小的时候起，我们就不断地把自己推销给周围的人，让他们喜欢自己，接纳自己；我们说服别人借给自己某种东西；和别人达成某个交换物品的协议……到了要走出来面对社会时，我们已学会如何以最有利的形势来得到我们所要想得到的，我们要推销自己的才能，推销自己是每个人都具有的才能，而当我们进入现实的商业世界，需要我们有意识地去运用我们的这种推销才能时，许多人就感到无所适从了。是的，有意识地推销商品与无意识地推销自我是有差距的，我们怎样才能使自己的推销才能充分发挥出来呢?

1. 相信自己。

相信自己会成功。这一点至关重要。并不是每个人都明确地认识到自己的推销能力。但它确实存在，所以要信任自己。

几千年来，人们坚信不疑地认为要让一个人在 4 分钟内跑完 1 英里的路程是不可能的。从古希腊时开始，人们就一直在试图达到这个目标。传说中，古希腊人让狮子在奔跑者后面追逐，甚至尝试着喝真正的老虎奶，但这些办法都没有成功。人们坚信在 4 分钟内跑完 1 英里是生理上办不到的，人身的骨骼结构不符合要求，肺活量不能达到所需程度。而当罗杰·班尼斯特打破了4分钟1英里这一极限后，奇迹便出现了，一年之内竟然有300位运动员达到这一极限。我们怎么解释这一现象呢？可以看到，训练技术并没有多大突破，而人体的骨骼也不会在短期内有很大改善以利于奔跑，所改变的只是人们的态度。人们不再认为那是一件生理上不允许的事情，恰恰相反，那是可以达到的。相信自己的力量，这是多么不可思议的力量的源泉！

人的最大敌人之一就是自己，超越自我，则是成功的必要因素。推销人员尤其要正视自己，鼓起勇气面对自己的顾客。即使有人说你不是干这行的材料也没有关系，关键是你自己怎么看，如果你也这么说，那么一切就都失去意义了，而这才是关键的关键。在班尼斯特出现以前，人们相信生理学专家，那么只能与那一极限纪录无缘。而班尼斯特相信自己，他成功了。更为重要的是他让更多的人有勇气去超越自我，结果更多的人取得了成功。因此，在任何时候都要相信你自己，不要打退堂鼓，永远不要。

2. 树立目标。

有了必要的信心一切都可以轻松地开始了。树立一个适当的目标，是推销员在准备期中必要的心理准备之一。没有目标，是永远不可能达到胜利的彼岸的。每个人，每一项事业都需要有一套基本目标和信念，而许多人往往是做一天和尚撞一天钟，目标模糊，那么如何达到目标就心中无数了。

有一个医学实验非常著名。将100名感冒者分为两组，分别给予特效药与非特效药的乳糖，并告知他们服用的都是同一类特效药，结果两组的好转率均达到60%以上。对头痛患者也做过同样的测试，结果相同。这就充分显示了“暗示效果”能对人们心理产生巨大的作用，从而影响生理。作为一位推销员，他的既定目标就是“自我暗示”。当你暗示自己“下个月一定要卖50万元以上”，你往往会如愿以偿的。当然这只是一个最简单的目标罢了。

一名优秀的推销员，不仅常常使用“自我暗示”法，他们更多的是制定出明确的目标，并进一步定出一个实现目标的计划，在目标与计划的基础上，计算好时间，以充裕的时间确保计划实现。我们认为一个好的目标应该是有层次的，长期、中期、短期，各期目标不同。简单说来，短期目标是第二天或下个月销售出多少产品，而中期也许是一个季度或半年。目标还应该是多方面的，销售额只是其中一个方面，使潜在顾客成为现实顾客、挖掘更多的顾客、在推销过程中树立企业形象等等都应该成为目标的构成方面。这一问题涉及推销人员在销售过程中到底推销的是什么，这方面问题会在后面详细论述。另外，目标不必太过详尽，重要的是切实可行，无法实现的高目标会让人们饱尝失败的苦头，也许你做得并不太坏，但相比那高高在上的目标，一切都相差太远了，长此以往，勇气和力量都会消失殆尽的。

一位成功的推销员介绍经验时说：我的秘诀是把目标数表贴在床头，每天起床就寝时都把今天的完成量和明天的目标额记录下来，提醒自己朝目标奋斗。可见有志者事竟成。定下你的目标，向着目标奋斗、前进。

3. 把握原则。

现代推销技术与传统的推销技术已有了很大差别，推销员已不再是简单的兜售商品，一名优秀的推销员在树立了信心，明确目标之后，走出门面对顾客之前还应该把握住作为一名推销员应遵循的原则：

满足需要的原则。现代的推销观念是推销员要协助顾客使他们的需要得到满足。推销员在推销过程中应做好准备去发现顾客的需要，而应极力避免“强迫”推销，让顾客感觉到你在强迫他接受什么时你就失败了。最好的办法是利用你的推销使顾客发现自己的需要，而对你的产品正好能够满足这种需要。

诱导原则。推销就是使根本不了解或根本不想买这种商品的顾客产生兴趣和欲望，使有了这种兴趣和欲望的顾客采取实际行动，使已经使用了该商品的顾客再次购买，当然能够让顾客开口代我们宣传则会更为成功。这每一阶段的实现都需要推销员把握诱导原则，使顾客一步步跟上推销员的思路。

照顾顾客利益原则。现代推销术与传统推销的一个根本区别就在于，传统推销带有很强的欺骗性，而现代推销则是以“诚”为中心，推销员人顾客利益出发考虑问题。企业只能战胜同行，但永远不能战胜顾客。顾客在以市场为中心的今天已成为各企业争夺的对象，只有让顾客感到企业是真正由于消费者的角度来考虑问题，自己的利益在整个购买过程中得到了满足和保护，这样企业才可能从顾客那里获利。

4. 创造魅力。

一位推销员在推销商品之前，实际上是在自我推销。一个蓬头垢面的推销员不论他所带的商品多么诱人，顾客也会说：“对不起，我现在没有购买这些东西的计划。”推销员的外形不一定要美丽迷人或英俊潇洒，但却一定要让人感觉舒服。那么在准备阶段你能做到的是预备一套干净得体的服装，把任何破坏形象、惹人厌恶的污秽排除，充分休息，准备以充沛的体力、最佳的精神面貌出现在顾客面前。

语言是一个推销员的得力武器，推销员应该仔细审视一下自己平日的语言习惯。是否有一些令人不快的口头禅？是否容易言语过激？有没有打断别人讲话的习惯等等。多多反省自己，就不难发现自己的缺点。

推销员还应该视自己的顾客群体来选择着装。一般说来，你的顾客是西装革履的白领阶层，那么你也应着西装；而当你的顾客是机械零件的买主，那么你最好穿上工作服。由此可见，避免不协调应该是着装的一个原则。

第三章
培养正确的推销心理

良好的心理素质是现代企业市场销售人员所必须具备的又一个基本条件。销售人员成天与人打交道，要经受无数次的挫折与打击，要应付形形色色的推销对象，必须加强心理训练，培养正确的推销态度。

推销员目标要大

我们每个人都渴望梦想成真，而成功似乎远在天边遥不可及。当你选择了推销作为自己的职业后，不可避免地将遇到种种困难，有时，倦怠和不自信也会使你怀疑自己的能力，甚至放弃努力。其实，当你下定决心以推销作为事业后，必须为自己做一个清晰的规划，同时，你需要将这个规划放在心里，让自己的每一天有一个引导，想着今天做什么事，明天该做些什么，下周的计划是怎样的。按部就班，踏踏实实地做好每一天，成功必将降临！

当然，我们承认远大的目标是成就事业的基础，但是，更重要的是千万不要怀疑自己的能力，不要因有这么伟大的梦想而担心、畏惧——“我行吗，我现在只是一个小小的推销员罢了。”让这些怀疑、畏惧沉入大海吧！要知道：要想有创造，要想成为一个开拓者，就要有“创造者的骄傲自大”，自己认为伟大，然后勤奋地工作，向自己伟大的梦想一步一步前进。做好自己正做着的任何有意义的事情，相信自己具有伟大之处，并让它指引自己正直而有效地生活。那么有一天，你会成为别人心目中的“伟大人物”。伟大，并非高不可攀，那仅仅是自我价值、自我实现的一个高度，任何人都可能登上去！

有一个寓言故事：两个卖菜的人，一个人总是想着今天要是能把菜都卖了就好了，另一个人则老是在打算怎么样才能成为当地首富。他们都很勤劳，都为了自己的打算不停地努力。最后，第一个人总是能够把菜都卖光，而第二个人也成了当地的首富。

要知道若是一开始就只打算要100元的话，那么最后由于种种原因，你得到的可能只有10元，但是如果你一开始就要1万元的话，就算最后失败了，你也许还有100元。所以，我们要立志就要立志当一个业务冠军，绝不仅仅是一个公司的优秀业务人员这么简单！

你的职业目标是什么，在开始行动之前，一定弄清楚，你到底在为什么奋斗！如果只是养家糊口，那么只要按时完成销售任务就够了。但是你那些美妙的梦想呢，它们怎么办，难道就这样放弃了吗？不，当然不！所以在阅读这本书的其他章节之前，应该明确自己的职业目标是什么？

不是简单地满足你自己的生存需要，而更多的是你对于成功的渴望！

你是一个推销员，同样也是一个希望有成就的人，因此，首先就要制定你的目标，绘制你的人生蓝图：

在一生中，你计划做什么？

希望最后成为怎样的人物？

需要做些什么，才能实现自己的愿望？

先回答上面的三个问题，然后再将你的远大目标写下来，时刻提醒自己，要为了它们去奋斗。不要认为自己以一个推销员的身份去制定成为成功人士的目标是好高骛远。万丈高楼平地起，每个远大的目标都需要你从脚下开始。

最现实可行的办法是，制定一个详细的目标计划表。为了实现你的远大目标，你在最近的5年要实现什么短期目标，然后想一想，为了实现短期目标，你在未来的几年该做些什么？以此类推，直到做好明天的计划。这样做的目的在于使你的远大目标成功软着陆！如果它一直在天上悬着，你毫无计划，漫无目的地奋斗一生，也不一定能够碰得到它。这就是不积跬步，无以至千里的道理。著名的汽车推销员曾经在自己的办公室里面、汽车车顶贴着一张写有“49”的纸，周围的人都很费解，这个数字对于他究竟意味着什么呢？在他生日的时候，人们得到了答案。原来这就是提醒他实现自己的人生目标的数字。他打算在49岁，结束自己的推销员生涯，并且打算拥有一个自己的汽车旅馆。

所以给你一个小小的建议，为你的目标找一个关键的字代替，比如说时间或者中心词，甚至可以是你最爱的人的名字，因为你想让他（她）过得更加舒适。放在随时都能看见的地方，它会激励你前进。当你制定明天的计划的时候，如果觉得每天这么详细地列出计划，是一件非常痛苦的事情，因为这意味着你明天也许又不能够去享受生活了，那么请看看这个词或者这个名字，你也许就会充满了动力，更乐于为这个目标而奋斗。其实谁都明白，充满挑战的人生才是精彩的人生！

那么请先深呼吸一次，然后大声地告诉自己——你的目标！毫无疑问推销员的每一天都是忙忙碌碌的，但真正优秀的推销员清楚自己的忙碌究竟是为了什么。

树立明确的目标

马拉松比赛正在进行着，进行到5000米以后，有两个人逐渐地甩开了后面的人，跑到了前面。

长时间地奔跑，已经使他们的体力消耗很大了，但是他们依然坚持着向前跑。这时的天气很不好，雾很浓，几十米内几乎看不清东西，后来天空又渐渐地飘起了小雨，又给比赛增加了难度。

跑在最前面的一个人，依然在拼命地跑着，不管雾有多大，他也不去理会，但却担心会被脚下的雨水滑倒，他始终注视着脚步下不远的地方。跟在他后边的另外一个人却把头昂得高高的，他在注视着目标，心里在不停的默念着终点，终点，我就要到终点了。

两个人的体力都支持不住了，他们仅相差几米远。后来跑在最前面的人终于累倒在地上起不来了。第二个人也感觉要趴下了，但是他却发现终点就在他前面的几十米处，透过迷雾，他隐约可以看见终点处摆动的旗帜。所以，他猛然又增添了一种动力，顽强地最先跑到了终点。第一个人因为没有看见目标，所以在就要成功的时候失败了。毋庸置疑，这就是目标对于成功的重要。成功等于目标，其他全是这句话的注解。

一个人活在这个世界上如果没有奋斗目标，便犹如没有舵的孤舟在大海中漂泊。没有舵的孤舟，无论怎样奋力航行、击风破浪，终究无法达到彼岸。

一个人没有人生的目标是可怕的，这并不是说别人有什么可怕，而是没有目标的人本身就很可怕。卡耐基曾说："毫无目标比有坏的目标更坏。"因为没有目标并不是这人无所事事，而是这人很可能无所作为。

要想成为成功的人，必须先有明确的人生目标。没有人生目标，也就没有具体的行动计划；没有行动计划，做事就会敷衍了事、临时凑合，也就没有责任感，更谈不上什么意志坚强、斗志昂扬了。没有目标，什么才能和努力都是白费的。

大学生在谈及高中时代的学习生活时，都对那时吃的"苦"发出万般感慨，但那时却并未觉得很苦，因为心中有着明确的目标——"考大学"，相反，还觉得那时过得既实在又快乐。考上大学后，部分学生又为自己定下"考研究生"的目标。然而，也有为数不少的学生没有目标，他们得过且过，看似轻松，但却缺少年轻人应有的蓬勃向上的朝气，这部分学生总是时常追忆高中时代的那份充实感和快乐。其实，他们只要再为自己定下目标，无论什么样的目标，他们都能找回那份感觉。

推销员作为公司的一线人物更应该有自己的奋斗目标。应该为每一天、每一周、每一个月、每一年，甚至你的一生确定目标。正像种子需要有雨水的滋润才能破土而出，你的生命也须有目标方能结出硕果。在制定目标时，不妨参考过去的最好成绩，使其发扬光大。永远不要担心你的目标过高，因为“取法乎上，得其中也；取法乎中，得其下也”。

著名推销员乔·坎多尔弗在谈及这一点时说：“作为一名推销员，你必须为自己建立能够达到的实际目标。当你达到了这些目标，就把目标再提升一点，并再努力达到。如果你仅仅建立长期目标，而没有建立相应的中短期目标，则长期目标就会变得遥遥无期，甚至难以达到，从而使你泄气，只得撒手作罢。比之于为某些重要的但长远的目标进行艰苦卓绝的苦斗，我认为，一系列小小的胜利也极富有现实意义——运用这种方法，你就能达到长期目标。”这是坎多尔弗的成功经验之谈，他自己就是这样做的：“数十年来，我为自己制定和提出日推销目标和周推销目标，这些短期的目标使我有能力完成我的长期目标。我所要达到的就是每周一定的推销量。我不认为推销量的高低与你使用的计划系统有什么必然的联系，但绝对必要的是，你必须建立若干目标并且有达到这些目标的计划。确定了推销目标，就会给你指明方向，并帮助你监控计划方案实施情况，使你取得成效”。

俗话说，“凡事预则立，不预则废”。虽然没有设定目标的推销人员有时也会有所收获，但那不是真正的成功。制定目标可帮助你获得真正的成功，并且，由于你的成功是通过努力工作而获得的，它便具有了真正的价值和意义。你会极力保护你的劳动成果并使其增长，你非但不会挥霍浪费，反而会把它建立在更加坚实的基础上。有人可能没有经过制定目标这一程序而取得了某种程度上的成功，但是，不制定目标，就不能充分发挥其自身潜能。特别是对一个推销人员而言，如果没有目标，就会变得无精打采、烦躁不安。没有明确的目标，就不知何时该庆祝胜利，就会摔跤、绊倒、失足而倒下，就会失去工作重点。由此可以看出设定目标是多么的重要。

一、设定有效的目标

每个人都曾有过梦想，有些人能使梦想成真，但有些人的梦想成了幻想，或者，不再存有梦想。主要的原因是什么呢？原因在于，他能不能定出正确的目标。如果你希望你的愿望能够实现，那么就将你的愿望拆分成一个个具体的、可行的、可以测量或评估的、需要超越的目标。目标要怎么定，才明确呢，目标要怎么定，才能完成呢，建议你可以从 6“W”、2“H”的角度去思考。

1. 6“W”

第一个是“What”，是指你要达成什么目标，一定要数量化。例如，每周慢跑 3 次，每次 20 分钟。有了数量化的目标，才能知道你目标达成了多少，哪些地方还要加把劲。

第二个是“When”，是指你要什么时候达到目标。例如，三个月后心脏每分钟跳动的次数要降到 80 ~ 70 次之间。

第三个是“Where”，是指达到目标要利用的各个场所地点。

第四个是“Who”，是指促成目标实现的有关人物。

第五个是“Why”，是让你能够更明确地确认为什么你要这样做，确认这样做的理由是正确的。

第六个是“Which”，是让你能够在思考上保持更多的弹性，让你能有不同的选择方案。

2. 2“H”

第一个H是“How”，是指选择、选用什么方法进行，如何去做。

第二个H是“How much”，是指要花多少预算、费用、时间等。

如果你能够从6“W”、2“H”的角度去思考如何成为专业推销人员，相信必定能够逐步实现你的目标。

二、确定实现目标的步骤

工作越努力，成功的滋味就越甜蜜。任何时候都不要去想成功之路是曲折的。如果目标的实现没有花费多少工夫，原因是制定的目标没有达到足够挑战的高度。如果目标定得不够高，就可能会使你踌躇不前，虽然可以满足意识的目标实现，但这种层次的目标是没有太大帮助的。

任何事情都不能分散你对目标的注意力。今天坚持不懈的人，明天定会有所收获。对我们来说，放弃应得的报酬或推迟令现在满意的好事都是不自然的；在今天追求短期利益的社会里，长期的回报几乎没有听说过。不要设定那些只会带给你一时满足的目标。如果设定的目标较低，那你的所得也会较低。

下定决心，满怀热情，你将不会安于现状或半途而废。你的决心使你保持清醒的认识，直到自己渴望什么以及如何实现它。如果你的设想不十分清楚，就应该把目标的细节记下来。这样当你的注意力不集中时可依靠目标提示你。更多的提示会增强自己投入目标的力量，实现目标的决心就越大。决心越大，实现的目标也就越多。

即使目标很小，也要非常认真地对待你所有的目标。养成计划生活的习惯必然有所回报和值得庆贺。你最终也会得到出人意料的结果。

如果希望改变你的生活，就必须要改变它，否则生活还会依旧。因此设定一些目标，将你的动力发动起来，使你的生活进入转变之中。你所要做的就是尽力而为，就能改变你原来的生活，拥有你渴望的新生活或你希望的任何事。

通常，我们的悲剧不是无法实现自己的目标，而是不知道自己的目标是什么。成功不在于你身在何处，而在于你朝着哪个方向走，并能够坚持下去。没有明确的目标就永远不会到达成功的彼岸。

推销人员要有责任心

推销人员远离公司，过着“天高皇帝远”的生活，日常行为大都不在公司的监控和掌握之中，很难管理。很多公司为了更好地约束推销人员的日常行为，采取了更多管理及监督措施（比如各种日、周、月度报表、总结以及电话抽查、考勤等），也加大了收入与销售业绩挂钩比例，以促使推销人员能把更多的时间投入到销售工作中去，按照公司的要求或规划落实各项营销活动。在现实中，有很多推销人员的日常行为是难以约束的，究其原因，是因为部分推销人员的责任心不强所致。

我们都知道，不管公司对于一个市场的分析多么到位，制定的营销方案多么的有效可行，但最终都要靠人去落实，只有通过人将方案付诸于实践，才能开拓和巩固一个市场。对于一个公司而言，这个责任就落到了我们推销人员的肩上。推销人员就是一个市场的指挥员，他的执行力度（当然首先得保证有正确的营销方案——有效执行的前提）就决定了这个市场取得成功的几率。执行的力度从某个角度来说就是一个人责任心的体现。如果一个责任心不强的人，他或者不执行，或者只执行一部分，结果可想而知。部分推销人员还信奉“将在外，君命有所不受”，结果是什么都“不受”了。另外，市场运作的失败是一个很容易开脱罪责的事（包括市场费用的管控和市场的运作方面），公司是很难在这方面追究一个业务员的，业务员大都不必为他的不负责买单。可见，责任心对于一个业务员是多么的重要。

是什么造成了部分推销人员责任心不强的呢？

营销人员缺乏职业道德还是国内企业在管理经验、考核机制上的不足造成的。目前很多国内公司只注重销售业绩的考核，不重视过程的管理，这是一种急功近利的管理模式。诚然，业绩是衡量一个业务人员得重要指标，但是如果你不做业务员的日常和业务规范，不做过程管理和监控，全凭业务员的个人喜好和习惯来开展业务，本来可以做到100万的，也许只可能做到50万。公司还以为该业务员做得很好，不仅不会批评他，反而还会表扬他。不正确的营销思想就会传播开来，影响到一大批业务员的业务态度，最终还是会影响到公司的发展。销售过程做好了，业绩自然就会上来。很多跨国大公司他们是非常注重营销过程管理的，我曾经多次发现在一些重要的销售网点货架上留有可口可乐的业务拜访表，上面留有业务人员每次拜访该店的详细记录，包括拜访时间（精确到分钟）、销售状况、促销品使用状况、库存状况、陈列情况等等，这些报表一来可以规范业务流程，二来可以方便业务人管理终端，三来公司可以据此监督管理业务员的业务行为。管中窥豹，可见跨国大公司是多么的注重业务销售过程的管理，迫使业务人员提高了责任心，他们取得的成功也就顺其自然了。

怎样才能调动业务员的积极，使他们都能有较强的责任心呢？我一直在思考这个问题。

首先，一套规范化、合理化的报表体系是基础。现在很多人都在提倡表格化、规范化、数字化管理。不同的公司应有一套不同的管理表格体系，关键要切合实际、便于操作。这些东西一来可以监督考核业务员的日常行为，要求业务员按合理的业务规范去落实每天的销售工作，不再有偷懒的空子；二来有利于公司及时了解市场销售、竞争状况；三来有利于公司加强营销费用的监控等。国内公司在前几年都陆续推出过表格化管理体系，但是少有坚持下来了。因为这项工作不直接产生销售业绩，好多都是实行一段时间后认为没有多大用就没有继续执行了，或者没有人来专门管理这个事，使得此项工作流于形式，没有起到实际效果。

第二，要有专门的市场评估和巡查小组，建全评估、巡查机制是保障。该小组应主要负责业务人员表格的收集整理与分析工作，根据业务员上报的信息分析各个市场的状况；分析业务人员工作内容及其他信息的真实性，对于这一点一定要电话抽查，核实，对于发现造假者一定要给予处罚，好的当然也要奖励，这样一来业务员便会规规矩矩的按照公司要求开展日常工作了；要不定期到市场一线核查、评估各项市场活动，以防治业务员谎报、瞒报各种市场信息。及时准确地对各种营销活动进行，不仅可为公司总体营销策略提供反馈意见，提供调控依据，还可以克服业务人员单枪匹马运作市场带来的不足。这一点，我们大都公司做得还不够，没有强有力的监督机制，怎能促使就业务人员养成较强的责任心呢?

第三，明确的职责、合理的分工是前提。只有较为清楚的明确各级业务人员的工作职责，业务人员才会有的放矢的开展各种业务。市场上的所有事情都要业务员去解决是不现实的，什么事都压在业务人员身上的话，势必使得业务人员产生抵触和逃避的心理。我了解了很多公司，包括国内一些有名的上市公司业务员，他们几乎包揽了一个市场运作的所有职责：既要做市场运作方案，又要负责终端市场管理；既要谈判广告，又要负责设计广告内容和画面；既要负责安排客户发货，又要负责催收货款；既要负责人员的招聘，又要负责人员的管理及工资的发放等等。好多公司除了审批上报方案和核销费用以外，对于一个市场不能提供更多的支持了。不排除一个优秀的业务人员应该具备上述工作要求的所有能力，但是又有几个业务员能把上述各项工作都能做好呢?做不好的业务员自然就出现怠工现象，责任心从何谈起?

第四，合理的考核目标和薪酬体系是根本。表面上看来，业务人员的收益跟销售业绩挂钩了，业务人员只有多卖公司的产品才能得到更多的收益，业务人员就会积极地开展各项营销工作。其实不然，关键还是要看落实到每个市场、每个业务人员上的销售指标是否合理，工资中与销售挂钩收益的比例是否合理。只有合理的任务、配于合理的考核、奖惩办法才能充分调动业务人员的积极性。涉及业务人员的收益上，公司的承诺必须兑现，千万不要因为某业务员超额完成任务后提成过多，公司就想方设法地给予扣减，这是一件最伤士气的事情。如果公司这样做了，会使大批推销人员得过且过，责任心尽失！

综上所述，没有责任心的推销人员是做不好业务的，有责任心的推销人员他会认真地去做好销售中的每件事。一个公司合理的管理、考核、监督制度可以促使推销人员养成较强的责任心，从而取得销售的成功。

销售不只是卖产品

营销人员要从“我要怎样卖出去”的思维反向思考，先了解“客户为什么购买”，才能进行销售。

首先是“态度”。

从来没有不好的日子，只有不好的态度。不景气都是来自自己不好的态度，而态度的呈现则来自你的人生观。

没有哪个业务员喜欢不停的服务客户，也不会有人真的很愿意帮助客户；可是很相反的，每个客户都渴望你对他们有所帮助。人们大都为自己着想。这些行为，不都和你现在做的事一样？

天下没有白吃的午餐。生意不会自己上门，它只会来自主动为客户提出的精致企划服务，以及勤奋的沟通，只有这个态度才能打动客户。态度是驱动业务成功的要素。

由态度产生行动力。积极的人生观可以产生乐观的服务态度，进而反映到业务人员和客户之间的服务关系。

其次是“个人品牌”。

不是你认识谁，而是谁认识你。只要你建立自己的个人品牌，客户就会主动打电话给你。“个人品牌”是创造客户忠诚度的最佳途径。所以说销售产品之前，要先销售自己这个品牌，客户认同你，也会购买你的产品。

个人品牌化，从幽默开始。

该如何让客户认同你的个人品牌呢？如何创造个人品牌呢？

个人品牌的销售，优先于产品品牌销售和商品交易。当你自己说自己好的时候，别人会认为你吹嘘，当别人都说你好的时候，那就是个人品牌的证明。

第三个重点是“人脉”。

业务“不只是在工作，更是拓展人脉网络”。大多数业务员并没有拓展人脉网络的观点与做法，他们理由如下：

1. 业务员认为拓展人脉太费时间，因此不愿把自己的时间奉献于人脉拓展。

2. 业务员认为人脉拓展并不带来更多的利润。这种观念的业务员注定要失败，只能做个平庸的人。

3. 业务人员认为“陌生开发”，才是达到目标的最好方法。

4. 想做，却不知如何做，如何着手。

人脉的人生观与社交技巧，都可以结合在销售哲理里面。

第四个重点是人格性质的改变。

个人品牌化的划分，就从幽默的魅力展现开始。如果你可以让客户欢乐与愉悦，他们就会认同和而且购买你的产品，因为幽默是一种强而有力，通行全球的语言。

幽默是一种技巧，如同做业务一样，需要用心且长期的训练，而幽默不仅能帮你达到销售目的，更可创造更亲近的友谊关系。

正面期许，坚决成功的决心。

这是六种正面销售观念与智慧。

1. 成功的自信：在赢得一个胜利之前，信心是最重要的心态准备，信心具有强大的感染力。

2. 对自己的正面期许：培养出“我做得到”的正面观念，你就等于成功了一半；反之，我做不到的负面观念，会导致你还没有出发就败了五成。

3. 成功的决心：没有做不到的任何理由；这种决心就会让“No”转变成“Yes”。

4. 完成任务的使命：在潜意识里努力朝设定的目标前进，自然就会驱动自己达成任务。

5. 给自己赢的决心：每个人都想赢，但赢的人很少。

6. 坚决成功的决心：我一定做到，我一定能做到。

持之以恒。销售不只是卖产品，而是发挥你个人的影响力。

天下没什么坏买卖

哈默定律源自犹太人阿曼德·哈默1987年完成的《哈默自传》，哈默为美国历史上最富传奇性的商人之一，他1898年出生于美国纽约，1917年在医学院学习期间继承了父亲的一家制药工厂，哈默从制药业起家，在经营制药厂期间，他成为了百万富翁。随着财富的不断增长，他又涉足了其他的很多领域，如艺术品、食品、石油、养殖业，等等。

人们常说在自己的领域内要下足工夫，人人都要有一项特长，而哈默却在自己的一生中诠释了如何将不同类别的生意做到极致，这是源自于他对经商的深刻理解。哈默在他的自传中强调：天下没什么坏买卖，只有蹩脚的买卖人。这也就是我们现在所说的哈默定律。

翻看中国古代的典故时，看到这样一个小故事：

有个鲁国人擅长织葛，他的妻子擅长织绢。在当时，葛一般用来做草鞋，而绢一般用来做帽子。有一天，这个鲁国人决定举家搬到千里之外的越国去谋生计。鲁国人刚一做出这个打算，身边便有人取笑他说，越国是少数民族之地，那里的人出门是从来不穿鞋、不戴帽子的，像你们夫妇这样编鞋做帽子的人到越国去干什么呀？

写这个故事的人的用意主要是为了嘲笑鲁国人的愚昧无知。数千年来，看到这个故事的人们也都会对故事中的鲁国人报之轻蔑地一笑。

还有一个与上面这个故事很类似的一个国外小故事，是关于两个推销员的：

有两个推销员分别被各自的公司派往太平洋上的一个岛国去开拓公司的鞋业销售市场。两个推销员到达那个岛国以后，惊奇地发现，原来那个岛国上面的居民是赤脚走路的，他们还不知道鞋子究竟是什么东西呢。于是一个推销员给自己的公司发了一条电报过去说：这个国家的居民出门不穿鞋，我们的产品在这里没有销售市场。而另一个推销员则给自己的公司发电报说：太好了，这个国家没有一家卖鞋的公司，居民也不穿鞋，我们的产品可以在这里推广继而普及了。

写这个故事的人的用意主要是为了赞赏那个善于发现潜在商机的推销员，而读者也会在心中暗自叹服那位推销员的销售眼光。

然而，这两个故事在我们中国竟然就是那样并行不悖地传播着，从来没有人感觉到其中的不妥。鲁国人继续处于被众人嘲笑的地位，而那位推销员却处在被众人推崇的很高的位置上，被当作优秀推销员的典型，被当作众多商家眼中善于发现商机的典范，而继续风光无限着。可是我们是否认真思考过：鲁国人的做法和那位推销员的做法是一样地呀，为什么他在我们数千年的历史中却始终处于被嘲笑的地位呢？因此写下这两个故事，算是为那个被嘲笑的鲁国人正名吧。

从这两个故事可以看出：或取或舍显高下，一买一卖见智愚。

请相信，能够看到常人所不能看到的商机，你就能取得常人所不能取得的成功。

天下没什么坏买卖，只有蹩脚的买卖人。

选择你所爱的

这里最直观的表述是：不值得做的事情，就不值得做好。这是再简单不过了，重要性却时时被人们忽视遗忘。不值得定律反映人们的一种心理，一个人如果从事的是一份自认为不值得做的事情，往往会保持冷嘲热讽、敷衍了事的态度，不仅成功率低，而且即使成功，也不觉得有多大的成就感。

因此，对个人来说，应在多种可供选择的奋斗目标及价值观中挑选一种，然后为之奋斗。“选择你所爱的，爱你所选择的，才可能激发自己的斗志，也可以心安理得。”而对一家企业或组织来说，则要很好地分析员工的性格特性，合理分配工作，如让成就欲较强的员工单独或牵头完成具有一定风险和难度的工作，并在其完成时，给予及时地肯定和赞扬；让依附欲较强的员工，更多地参加到某个团队中共同工作；让权力欲较强的员工，担任一个与之能力相适应的主管职位。同时，要加强员工对企业目标的认同感，让员工感觉到自己所做的工作是值得的，这样才能激发员工的热情。而且一般而言，这取决于三个因素。

1. 价值观。

关于价值观我们已经谈了很多，只有符合我们价值观的事，我们才会满怀热情去做。

2. 个性和气质。

一个人如果做一份与他的个性气质完全背离的工作，他是很难做好的，如一个好交往的人成了档案员，或一个害羞者不得不每天和不同的人打交道。

3. 现实的处境。

同样一份工作，在不同的处境下去做，给我们的感受也是不同的。例如，在一家大公司，如果你最初做的是打杂跑腿的工作，你很可能认为是不值得的，可是，一旦你被提升为领班或部门经理，你就不会这样认为了。

总结一下，值得做的工作是：符合我们的价值观，适合我们的个性与气质，并能让我们看到期望。如果你的工作不具备这三个因素，你就要考虑换一个更合适的工作，并努力做好它。

当代美国著名推销员乔·吉拉德相信，成功的起点是首先要热爱自己的职业。无论从事什么职业，世界上一定有人讨厌你和你的职业，那是别人的问题。“就算你是挖地沟的，如果你喜欢，关别人什么事？”

他曾问一个神情沮丧的人是做什么的，那人说是推销员。吉拉德告诉对方：销售员怎么能是你这种状态，如果你是医生，那你的病人会杀了你，因为你的状态很可怕。

他也被人问起过职业。听到答案后对方不屑一顾：你是卖汽车的，但吉拉德并不理会：我就是一个销售员，我热爱我做的工作。

美国前第一夫人埃莉诺·罗斯福曾经说过："没有得到你的同意，任何人也无法让你感到自惭形秽。"吉拉德认为在推销这一行尤其如此，如果你把自己看得低人一等，那么你在别人眼里也就真的低人一等。

工作是通向健康、通向财富之路。吉拉德认为，它可以使你一步步向上走。全世界的普通记录是每周卖 7 辆车，而吉拉德每天就可以卖出 6 辆。

有一次他不到 20 分钟就卖出了 1 辆车。对方告诉他：其实我就在这里工作。来买车只是为了学习你销售的秘密。吉拉德把订金退还给对方。他说他没有秘密。非要说秘密的话，那就是"如果我这样的状态能够深入到你的生活，你会受益无穷"。

所以，既然你选择了推销工作，最好在这个职业上待下去。因为，所有的工作都会有问题，明天不会比今天好多少，但是，如果频频跳槽，情况会变得更糟。他特别强调，一次只做一件事。以树为例，从栽上树苗，精心呵护，到它慢慢长大，就会给你回报。你在那里待得越久，树就会长得越高大，回报也就相应越多。

推销这件事并不一定要和嬉笑、饮酒有关。这之中也没有逢迎谄媚，以及贿赂和私下交易的事情，千万不要认为一名推销员需要向别人打躬作揖才能完成一笔生意，如果有了这样的想法，那就大错特错了，是没有把握住推销人员应该具有的良好的心态。

身为一名推销员应该以推销业为荣，因为它是一份值得别人尊敬及会使人有成就感的职业，如果有任何方法能使失业率降到最低，推销即是其中最必要的条件。你要知道，一个普通的推销员可为 30 位工厂的员工提供稳定的工作机会。这样的工作，怎么能说不是重要的呢?

吉拉德说:“每一个推销员都应以自己的职业为骄傲,因为推销员推动了整个世界。如果我们不把货物从货架上和仓库里面运出来,整个社会体系的钟就要停摆了”。

有的时候,当业务看起来似乎大势已去时,平庸的推销员常为了不想一事无成地失望回家而降格以求,他或许会向客户请求说:“某某先生,请你帮帮我吧,我必须养家糊口,而且我的推销成绩远远落后于别人,如果我拿不到这一笔生意,我真的不知道该如何面对我的老板了。你可以帮我这个忙吗?”

这个方式不但对推销员本身有害,它也是这个行业的致命伤。当一名推销员提出那样的要求时,只能导致客户看不起他,再也不会欢迎他了。

乞求别人购买你的产品是一种绝望的征兆。它勾勒出一幅不安全、不稳定和欺骗的画面。这是失败者才干的勾当。优秀的推销员绝不会去乞求别人的施舍,他们只会努力地使自己的工作变得更好、更优秀,他们以自己的工作为荣,以满足客户的需求为他们的工作目标。

任何一个推销员和客户都是平等的关系,推销员不要把自己看得低下,要保持自己的尊严,只有这样才能使自己充满信心。

提高工作和生活的热情

热情无疑是我们最重要的秉性和财富之一。不管我们是 3 岁或 30 岁,6 岁或 60 岁,9 岁还是 90 岁,热情使我们青春永驻。

这意味着任何年龄的人只要具有自我完善的强烈愿望，他都可以找到永不衰老的源泉。不管你是否意识到，每个人都具有火热的激情，只是这种热情深埋在人们的心灵之中，等待着被开发利用，为建设性的业绩和有意义的目标服务。

你要找到自己的热情，正如信心和机遇那样。它全靠自己创造，而不是等他人来燃起你的热情火焰。缺少自身的努力，任何人都无法使你满腔热情；没有自身的努力，任何人都无法使你渴望去达到目标。

热情应该是一种能转变为行动的思想，一种动能，它像螺旋桨一样驱使你达到成功的彼岸，但首先你得有一个决心要达到目标。热情意味着对自己充满信心，能望见遥远之巅的胜利景色。你能集中自己的全部精力，勇气百倍；你也能够自律自制；你运用自己的想像力，修身养性，日臻完善；在你渴求悔过时能迅速回到现实中来，那你就能获得成功了。

试问，我们能在热情中找到迷惑、失望、惧怕、颓废、担忧和猜疑吗？当然不能！这些消极情绪使你未老先衰。恰恰相反，热情为你带来年轻和成功。

美国哲学家、散文家及诗人拉尔夫·沃尔德·爱默生说过："没有热情，任何伟大的业绩都不可能成功。"

不管是什么样的事业，要想获得成功，首先需要的就是工作热情。推销事业尤为如此，因为推销员整日、整月，甚至整年地到处奔波，辛苦推销商品，其所遭遇的失败不说，就是推销工作所耗费的精力和体力，也不是一般常人所能吃得消的，再加上失败甚至连连失败的打击，可想而知，推销员是多么需要工作热情和活力。可以说，没有诚挚的热情和蓬勃的朝气，推销员将一事无成。所以，推销员不仅要有健康的体魄，更重要的是具有诚挚热情的性格。热情就是推销成功与否的首要条件，只有诚挚的热情才能融化客户的冷漠拒绝，使推销员“克敌制胜”，可见，热情的确是推销员成功的一种天赋神力。

当一群人都处在沉闷的气氛中，只要有一位热情的人加入，立即就能使每个人笑逐颜开，并且能使大家唱起歌，跳起舞，简直有如神助一般。所以，热情可以使你结交很多朋友，也可以使不认识你的人对你微笑。热情也是自信的创造者，甚至是胜利和成功的必需工具。热情可使每一个人都爱自己的事业，爱自己的工作，甚至爱一起工作的伙伴们。

热情也是一种振奋剂，在每天清晨醒来，可以使你充满了希望，好像脚下有了弹性，心里有了温暖，而且眼睛也炯炯有神了。

热情可以使失败的推销员成为一个成功的推销员，悲观的人成为乐观的人，懒惰的人变成勤奋的人。

热情的神力远远不止这些，甚至无法用言语表达。如果没有热情，就绝对不会成为一个成功的推销员，更谈不上与客户达成交易。

要想成为一名成功的推销员，必须先要具有这种热情的态度。

客户也是有血有肉的人，也是一样有感情的，他也有种种需要，因此，你如果一心只想着增加销售额，赚取销售利润。而没有一丝热情，那就不必奢谈成交了。你应该首先用热情去打动客户，唤起客户对你的信任和好感，这样，交易才能顺利完成。

你的热情要让客户感到你在帮助他，而不是仅仅想赚他的钱。

你应该帮助他说出他的真正需要，你应该做他的热心参谋，帮他算账，帮他决策，时时让他切身体会到你的热情，从而感到可以相信你，便与你签约成交。这样你的销售额怎能不成倍上升呢?

身体健康是产生热情的基础。一个人如果行动充满了活力，他的精神和情感也会充满了活力。很多推销员每天一早起来就做些体能活动，像慢跑或骑脚踏车等等，这不但可以增进他们的健康，而且还可以提高他们一天活动的精力和热情。

打破固有思维

北京大学的冯友兰教授曾经讲述过这样一个笑话：

有一位哲学家饿了，就让他的学生到街上去买一块面包。学生到街上转了一圈，空着手回来对老师说："街上只有圆面包和长面包，没有您要买的那种（既不长又不圆的）'面包'"。

于是，哲学家就让学生去买一块"圆面包"。学生到街上转了一圈，又空着手回来对老师说："街上只有黑面圆面包和白面圆面包，没有您要买的那种（既不是黑面也不是白面的）'圆面包'"。

于是，哲学家就让学生去买一块"白面圆面包"。学生到街上转了一圈，还是空着手回来对老师说："街上只有冷的白面圆面包和热的白面圆面包，没有您要买的那种（既不冷又不热的）'白面圆面包'"。

于是……结果不用多说，那个学生永远不可能买来面包，而那位哲学家只能等着饿死了。

这是“惯性”造成的定势，在取舍之间很容易形成“定而不移”，之势。唯一可行的解除定势的办法，就是极大地开阔我们的视野，改变我们既有的思维方式，时刻警惕陷入到“经验”中去。

人若是钻入教条的框框中，就等于束缚了自己的手脚，将会寸步难行。坚决反对任何形式的本本主义、经验主义和教条主义。

如果有人问你：“传统的就一定是正确的吗？”你一定会说不是。也许你也在内心觉得有很多传统的东西是不好的，但是，事实上，在你的行动中呢？好好回忆一下自己做业务的这几年，自己的办事方式，自己做成的那几笔业务，是不是或多或少地都受到传统的影响呢？答案是肯定的，即使你自己不承认或者没有感觉到。因为，当你已经按照一个传统来办事的时候，你已经将它升华成了你办事的原则，而即便你是一个日日自省的人，也不会时常去怀疑自己的办事原则，你都是在这个原则的指导下去反省其他的事情。所以要当推销员，接下来的反省，或许是痛苦的，因为如果说平时的反省与修正只是对自己思想认识的一种改良的话，这一次或许将面临一场根本的变革。

我们不是要全盘地否定传统，没有传统就没有一个办事的基本原则，没有传统，一个组织甚至一个国家就没有凝聚人的核心。但是，要成为一个优秀的推销员，你就必须在接受传统的同时，仔细地经过自己的大脑过滤，摒除那些不好的东西，留下真正经得起锤炼的精华。也许在你所在的公司有勤奋工作的传统，但是也有做事呆板的传统；也许你的公司一直以来办事灵活，但是总是有妄自尊大的习惯，那么聪明的你应该懂得选择。这就是“取其精华，弃其糟粕”。或许刚开始的时候，因为你的选择，会引来一些奇异的目光甚至一些无聊的猜忌和议论，放宽你的心胸，要知道“燕雀安知鸿鹄之志哉”，你不用浪费宝贵的时间去理会这些，相信自己的选择并且坚定不移，总有一天，奇异的目光会变得充满崇拜，无聊的言论会被衷心的溢美之词所替代。

相信自己的选择，一个获得成功的人，绝对不是愿意随波逐流的人，也绝对不是一个不敢向传统宣战，不敢坚持自己的信仰和理想的人。为什么每一个成功的人在获得掌声之前都要经历磨难和周遭的不理解，就是因为有太多的人迷信传统。你和他们不一样，你只能够迷信个人奋斗，并且绝对不能成为传统的奴隶。

所以你需要创新，只有不停地吸收新的东西，并创造新的东西，才会有真正可以对抗那些不好的传统的后盾！先将你那些曾经固守的传统进行筛选，优秀的有利于你奋斗的那些还是请你留下，摒除那些腐朽的传统！

对现实的秩序习以为常，默认了它的合理性，就失去了进步的可能性。只有打破固有的思维方式，采取积极的策略才会有更大的惊喜。

做个诚实守信之人

赫克金法则源于美国营销专家L·赫克金的一句名言：“要当一名好的推销员，首先要做一个好人。”这就是赫克金所强调的营销中的诚信法则。同时，另一组数据证明了这个观点：美国的一项推销员的调查表明，优秀推销员的业绩是普通推销员业绩的 300 倍的真正原因与长相无关，也与年龄大小无关，和性格是否内向外向也无关。所以，得出的结论是，真正高超的销售技巧是如何做人，如何做一个诚信之人。

“小企业做事，大企业做人。”讲的也是同样一个道理，要想真正的使大部分客户接受你，做个诚信之人，做个守信之人才是成功的根本。

在推销当中，守信乃推销之生命，如果失去了信用，也许一笔大买卖就会泡汤。信用有小信用和大信用之分，大信用固然重要，却是由许多小信用累积而成。有时候，守了一辈子信用，只因失去一个小信用而使唾手可得的生意泡汤，好比柱子被白蚁蛀坏而使整个房子倒塌一样。推销高手们是最讲信用的，有一说一、实事求是、言必信行必果，对顾客以信用为先，以品行为本，使顾客信赖，使用户放心地同你做交易。

对于一个推销员来讲，顾客就是上帝，顾客有权拒绝。然而，当优秀的推销员带着一个不错的产品，一次次真诚地拜访时，最终总能赢得顾客的信赖。

产品不是万能的，任何产品都有它起作用的范围和无法起作用的范围。这是一个基本常识。但是，在某些推销员看来，他们的产品就是万能的，他们向客户介绍产品时，恣意夸大产品的性能。我们来看下面一个场景：

推销员：“我们的机器既省电又省油，而且绝对没有噪音。”

客户：“好像别家的机器也省电省油，也保证没有噪音。”

推销员：“我们的机器特别省电省油，它几乎就不用电，不用油”。

客户：“莫非你们的机器是永动机”。

推销员：“永动机还要占很大空间呢！我们机器不占多少空间”。

这样的对话只能当作是推销员之间在开玩笑，而不能当作是推销员在向客户进行推销。对产品的介绍已经相当离谱了，纯粹是欺骗行为。但是，在现实中确实存在着推销员向客户如此推销的情况。

诚实守信，以诚相待，是所有推销学上最有效、最高明、最实际也是最长久的方法。林肯说：一个人可能在所有的时间欺骗某些人，也可能在某些时间欺骗所有的人，但不可能在所有的时间欺骗所有的人。对于推销员来说道理也同样如此。在一个信息传播日益迅速的市场环境下，推销员的小手段、小聪明是很容易被看破的，即便偶尔取得成功，这种成功也是相当短暂的。对于推销员来说要想赢得客户，诚信才是永久的、实在的办法。

市场经济发展了200多年，在西方国家涌现出不少优秀的推销员，他们是推销界的英雄。审视他们的成功因素，会发现有很多不同，有的性格乖张，有的性格开放；有的靠强大的社会活动圈，有的靠名人的推荐，等等。但是，在他们的推销素质中，我们不难发现一个很简单的事实，他们都是讲求诚信的人。他们通过诚实获得了人们的信任和信赖。

一个推销员开始他的推销生涯的最基本素质就是诚信。如果一个推销员成天地想着如何欺骗他的客户或者如何欺骗他所服务的企业，他怎么可能赢得客户和企业的信任，怎么可能赢得良好的口碑宣传。而对于一个推销员来说，如果没有良好的口碑宣传，就很难在自己服务的领域中有很好的建树。

对于一个推销员来说，成交固然重要，它是推销员进行推销活动的直接目的，但并不是唯一目的。推销员进行推销活动的基本目的还是在于建立个人的诚信体系，以此来获得更多的经济效益。

推销员的诚信主要包括三个方面的内容：

首先是对产品的诚信。

一个推销员必须熟悉自己的产品，并且相信它，相信自己的产品能够给客户带来利益，相信自己所进行的推销就是给客户带来利益。这样推销员才能够有强大的精神动力去完成他的推销事业。

其次是对企业的诚信。

推销员所进行的推销事业并不仅仅是个人的事业，在推销员的身后有个强大的企业支撑体系。企业的运作需要众多推销员的努力。推销员对企业诚信就要求推销员为企业利益着想，不能诋毁企业，注重个人的言行举止，时刻维护企业的形象。

第三是对客户的诚信。

对客户的诚信是推销员应该具有的最基本的素质。推销事业就是推销员和客户的沟通过程，通过和客户的沟通，使客户对自己产生信任，进而购买产品甚至帮助推销员宣传产品。对客户的诚信主要在于不能用低劣产品来欺骗客户，不能恣意夸大产品的性能，等等。

对于推销员来说，最核心的一句话就是：先讲信誉，后卖产品。这种观点为广大成功的企业所接受。拥有良好的诚信口碑的推销员和企业能够迅速脱颖而出。

寻找一切机会学习

经常学习新的知识，每天学习改善推销的方法，是一个推销员提高推销技巧的根本保证。

不管推销对象是谁，在什么场所推销，你都必须满怀信心地面对每一个客户，发挥你的潜力，你所遇到的客户的种种不满情况，都是你学习的材料。他们将使你成为更精明、更杰出的推销员，因此，你必须虚心而努力地学习。“闭关自守”的推销员是不会成功的。所以，你首先应该向客户学习，从他们的不满和疑问中，从他们的交易习惯和方式中，从他们的言谈举止中，学习你认为有用的东西。

除了向客户学习，你还必须特别留心观察别的推销员的推销方法和在推销中运用的各种技巧。

应该知道，不管你多么精明能干，在商场上，随时都会有人准备取而代之，这些人也许比你更加精明，更加斗志昂扬，在推销上也可能比你更有法子。因此你必须加以注意，细心观察，从他们那里学习到你这里没有的技巧、方法、方式，从他们那里得到重要的启发，改进你自己的工作。

“山外有山，人外有人”，切不可自以为是，认为别人都不如自己，那你可就要吃大亏了。你要知道，这些人无时无刻不在处心积虑地突破你过去的销售成绩，超越你的地位。这一事实，你必须牢记在心，不断鞭策自己，虚心学习，加倍努力。

为了提高成交率，你的反应必须非常敏捷，对于任何问题，都必须了解其要领及重点，必须多方研究和学习。这样获得的知识，更有助于你应付客户。拥有多方面的知识，可丰富交谈的话题，让彼此心情愉快。这种共识的基础，也可以成为客户和推销员之间成交的跳板。因此，你应努力学习各种知识。为了了解各种客户的心理，你应该学习心理学；你还可以从公共关系学中吸取与人交往的知识和技巧；你还应该在社会学的范畴内，研究人的行为模式、习惯以及不同年龄反映在性格上的差异……你应该使自己成为一个知识全面的推销员，这会使你在推销时，在各种场合下，遇到各种人都能自信、从容、胸有成竹。

此外，别忘了向你自己学习，向你自己的成功的宝贵经验学习，向你自己失败的不可多得的教训学习。你可以将你所经历的最富代表性的推销事件记录成一个推销案例，对它加以研究，你会发现很多有用的东西；你还可以经常将你已经完成的某个推销事件拿来，放在脑子中，从前到后过一遍，保留令你满意的细节，将你不满的地方加以修改，使整个事件趋向完美；你还可以用一个案例作为蓝本，变化各种条件，制定不同的推销策略，这种“纸上谈兵”的办法有时的确能达到意想不到的效果。这就如同参加考试一样，你首先应该复习，在复习中把各种可能的情况都尽量考虑到。那样在考试时才能得心应手。而对推销来讲，面对真正的客户就是一场考试，学习各科知识，就是这场考试的复习，复习得好才能考得好。

学习制胜法则

恺撒领军出征，每每获胜必以酒肉金银犒赏三军。随行的亲兵仗着酒胆，问恺撒："这些年来，我跟着您出生入死，征战沙场，历经战役无数。同期入伍的兄弟，升官的升官，任将的任将，为什么直到现在我还是小兵一个呢？"

恺撒指着身边一头驴，说："这些年来，这头驴也跟着我出生入死，征战沙场，历经战役无数。为什么直到现在它还是一头驴呢？"

好多人都通常会问同样的问题，为什么近几年忙来忙去总感觉自己还在原地踏步，为什么那些原来并不出色的人却能春风得意，还要多久我才能扬眉吐气呢？

恺撒在2000多年前就给出了答案——问题不是你做了多久，而是你有没有在进步！

当今，是一个靠学习能力决定高低的信息经济时代，每一个人都有机会可以胜出。现在的社会，要想永远立于不败之地，就必须拥有自己的核心竞争力。要想拥有超强的核心竞争力，就必须拥有超强的学习力。随着知识经济的兴起，光凭借他人的经验和自己已有的经验是远远不够的。要想当"冠军"

需要不断地获取新的知识才能保持自己与社会同步。你是一个需要每天接触不同的人或者不同产品的推销员，所以必须有一个广阔的知识平台。很多技术性、专业性强的东西，你不一定要深入了解，但是你不能够完全不了解。如果是这样的话，会因客户发现你在相关领域所表现出来的无知而轻视你。

很能说明问题的事例：现在由于 IT 等高科技产业的兴起，越来越多的公司在招聘推销员时，已经根据自己的产品的高科技含量要求推销员有不同程度的教育程度，而且这个差距越来越大。或许一个负责推销洗衣粉的推销员是不需要太高深的化学方面的知识，他只需要知道这种洗衣粉能不能洗净衣物，能洗净到什么程度，对人体有没有害，为什么有或者没有害就够了。但是在诸多的 IT 行业，或者其他高科技领域，还有一些知名的公司，不获得大学学士学位的话，是做不了推销员的。比如，全球有名的惠普公司计算机产品线的推销员，通常是要求有管理或财务方面的学位；Clorox 公司则希望他们的推销员拥有学士学位，不过不局限于某一个专业。

网络的产生使知识的传播越来越快。如果你不主动去寻找新的知识，而客户可能已经在网上查到了最新的资料。当被问及你们的产品和最好的产品有多大区别的时候，你哑口无言，只能说明你太不专业了。你不能再像以前那样，仅拿着自己的产品就开始长篇大论地介绍，有时甚至是夸夸其谈。相对于客户而言，你应该是这个领域的行家，所以你应该很清楚这个领域的最新动态。

都说活到老，学到老，但是很多人往往认为这只是那些做学问的人的事情，自己不需要专门抽时间去学习。如果你也是这样的话，那么你现在必须把这种可笑的想法从头脑中赶走！只有不断被新的知识充实的人才会有一种自信的源泉，因而他永远不会被时代抛弃！知识的积累能够使你在业务上更加娴熟，甚至使你在心智上更加成熟。这些积累可能使你有一天像你那些优秀的前辈一样，对于产品有着一个优秀的推销员特有的敏锐直觉。不过，如果你还能在工作中以及平时自己多留心，再学习一些新的技巧的话，那将是更加振奋人心的——因为它们对你的潜移默化，必定能够使你拥有一个推销员对于市场把握准确的直觉！

要成为专业推销人员，你就要有随时会有人超过你，比你更出色，应该随时不断学习以提高自己的心理准备。至于可以学习的对象，只要你留意，无论是顾客、对手、主管上司都是你学习的对象，特别提醒一点，不要忘了向自己学习。

1. 向顾客学习

经常学习新的知识，每天学习改善销售产品或服务的方法，是一个销售员提高销售技艺的根本保证。不管销售对象是谁，在什么场所，你都必须满怀信心地面对每一个顾客，发挥你的能力。你所遇到的顾客的种种不满情况，都是你学习的材料。他们将使你成为更精明、更杰出的销售员，因此，你必须虚心而努力地学习。从他们的不满和疑问，交易习惯和方式，以及言谈举止中学习你认为有用的东西。

2. 留心观察他人的技巧

你应该知道，不管多么精明强干、斗志昂扬，在商场上，随时都会有人超过你。这些人也许比你更精明、斗志昂扬，在销售上也可能比你更有办法。因此，你必须加以注意，细心观察，从他们那里学习你所没有的技巧、方式，从他们那里得到重要的启发，改进你自己的工作。要牢记“山外有山，人外有人”，切不可自以为是。

3. 与主管一起研讨解决问题之道

经常听到的一句话“给他一条鱼，不如教教他如何钓鱼”，讲的就是这个道理。在面对问题时，与主管一同研讨解决之道，再去实践与修正，不仅可以从中学到相当宝贵的经验与累积自己处理问题的能力，还能在研讨的过程中学到如何做判断、做抉择，更可让主管在一次又一次的研讨中看到你的学习成长结果，而愿意赋予你更大的责任与使命。这样，你可积累更多、更新的宝贵经验与能力，不仅可以在公司内部或是在业界中，建立你个人的成就与声望，更可能“水涨船高”。你的主管再度升职的时候，第一个想到可以赋予重任与提拔的就是你，你也就有机会去学习与发挥高一阶层的能力。当你的能力与成就备受好评，别家公司还可能自动找上门来“高薪挖角”，这样不仅你的身价一夕上涨数倍，你个人的职场生涯选择空间也变得更大。

所以，我们不能放弃任何一次面对问题、解决问题与学习问题处理的机会，要努力培养自己当一位问题的解决者。协助客户解决问题才是销售员走向成功的关键。

4. 向自己学习

你可千万不要忘了向你自己学习！向自己的成功学习宝贵的经验，向自己的失败学习不可多得的教训。你可以将你所经历的最富代表性的销售事件记录成一个销售案例，你会发现很多有用的东西。你还可以经常将已经完成的某个销售事件拿来，放在脑子中，从前到后过一遍，保留令你满意的细节，将你满意的地方加以修改，使整个事件趋向完美。你还可以将某个案例作为蓝本，不妨暂时中断一下你的销售工作，去做一些调查，并对调查材料进行分析，从中找出失利的主要原因，有针对性地改变策略，挽回损失。运用头脑去分析，是你解决你所遇到的问题的一条捷径，也是成功解决问题的必由之路。

当今，是一个靠学习能力决定高低的信息经济时代，每一个人都有机会可以胜出。现在的社会，要想永远立于不败之地，就必须拥有自己的核心竞争力。要想拥有超强的核心竞争力，就必须拥有超强的学习能力。

沉着冷静应对突发事件

推销员在进行推销的过程中，会遇到千变万化的情况，这要求推销员要沉着冷静、机智灵活地逐一处理，把不利的突发因素消解。甚至化为有利的因素，同时又决不放过任何一个有利的突发因素为自己的推销加码。

有一个推销员当着一大群客户推销一种钢化玻璃酒杯，在他进行完商品说明之后，他就向客户作商品示范。就是把一只钢化玻璃杯扔在地上而不会破碎。可是他碰巧拿了一只质量没有过关的杯子，猛地一扔，酒杯砸碎了。

这样的事情在他近期推销酒杯的过程中还未发生过，大大出乎他的意料，他也感到十分吃惊。而客户呢，更是目瞪口呆，因为他们原先已十分相信了推销员的推销说明，只不过想亲眼看看得到一个证明罢了，结果却出现了如此尴尬的沉默局面。

此时，如果推销员也不知所措，没了主意，让这种沉默继续下去，不到三秒钟，准会有客户拂袖而去，交易会因此遭到惨败。但是这位推销员却灵机一动，说了一句话，不仅引起哄堂大笑，化解了尴尬的局面，而且更加博得了客户的信任，交易大获全胜。

那么，这位推销员是怎么说的呢？

原来，当杯子砸碎之后，他没有流露出惊慌的情绪，反而对客户们笑了笑，然后沉着而富有幽默地说："你们看，像这样的杯子，我就不会卖给你们。"大家一起禁不住大笑起来，气氛一下子变得活跃，紧接着，这个推销员又接连扔了五只杯子都成功了，博得了信任，很快推销出几十打酒杯。

这个例子充分说明了随机应变的重要性。在许多其他的场合，它也同样重要。

最常见的意外情况莫过于在推销产品的过程中，突然因为话题中断或无法进行而出现了沉默的局面。

沉默的时间愈长，交易就愈容易失败。因此，最好能尽量避免这种情形。但当这种局面出现时，你切不可感到浑身不自在，你应坦然视之，并找些你熟悉的话题向客户提问，把推销活动继续下去。或者干脆直接谈："看来，这个问题已经谈得差不多了，如果你有什么新的想法，待会儿咱们再补充。"

"现在，您是否认为应该讨论下一个问题了？"这样直说，会让客户以为的确到了该换话题的时候了，而不会以为是因为你没有话讲。

还有另外一些场合也需要灵活机动。比如，当你正在与一个新客户谈生意时，一个老客户打电话来提出退保，这时，你多半会感到双重压力，既想向老客户挽回败局，又怕在新客户面前泄露自己推销失利的消息。

在这双重压力下，你若不能居危不乱，很可能忙中出错，既未在老客户那里挽回败局，又让自己狼狈赶跑了新客户，闹得个鸡飞蛋打的结果。

其实，这时你完全不必慌张，你可以在电话里客气地对老客户说："那没关系，不过，我现在正在与一位朋友谈要紧事，我们明天见面详细谈谈，您看怎样？"你这样说，老客户通常不会拒绝你，而你还有一个机会来和他谈判以维持原有的交易；而新客户呢，他一方面会因为你重视他而感到高兴，另一方面，也会因为你为了他而拒绝一次约会而感到歉意，这通常有助于你与他成交，而免受老客户提出解约的影响。

电话中当然很容易与老客户改约时间，然而请思考一下另一种情况，假如你正在与新客户洽谈生意时，老客户却突然间来提出解约，这时你该怎么办呢？

意外的情况并不总是坏事，有时也有利于你的推销。这时，你应该抓住它，让它来帮助你促成眼前的交易。

在向新客户进行商品推销说明时，你必须以亲热的语气与他寒暄、交谈，让两位客户坐在一起；同时，你应该以对待新客户的态度来对待老朋友。

这时，你这位老朋友既已确认你是个值得信赖的人，那么他一定会积极地帮助你推销商品。在交谈中，两位客户会逐渐熟悉，这样一来，商品说明便能顺利进行，而且效果良好。

也有的时候，在你与新客户交谈时，会突然发现一位过去买过你保险的客户，这时，你应先暂时中止与新客户的交谈。不妨告诉他："请原谅我先离开一下。"得到新客户的允许后，你需上前与老客户寒暄晤谈，这个时候，新客户必然在一旁竖起耳朵听你们两人的谈话，也许，他心中会想到："这个推销员和过去的客户交情这么好。"

在一般人的观念中，都认为推销员是"卖了东西，就不认人"，如果推销员却是将新客户放在一旁，反而和老客户热情交谈，这种情形就极易博得客户的好感。

随机应变的技巧是没有什么定式的，主要的原则就是在突发的事情面前沉着处理，避开和化解不利因素，抓住有利因素，使意外事件不影响成交，甚至能促成交易。

保持镇定自若的态度

当买卖一步步接近成交的时候，你的神经就可能越来越紧张。

正如体育教练所说，你已处在高度兴奋状态。这很自然，但你要小心，不可把这种感情暴露出来。

在绝大部分情况下，尤其是面对经验丰富的买主，你最好要保持镇定自若的态度，因为喜形于色的表情会说明你是个新手。

买主会想："这小伙子果然没做过多少生意，争取到我这么一个买主就这么激动。既然他生意做得不多，那就必然有其原因。说不定我忽略了什么事情，最好先别那么慌，检查一下再说。"

经验丰富的推销员在接近或成交时毫不惊慌，他们始终保持着有条不紊的状态，给人的印象是，签合同是他们的家常便饭和必须履行的例行公事。

客户见到这种驾轻就熟的样子自然就会认定：此人是个签合同的老手。我没什么好担心的。在把订单交给买主手里时，你应当说："如果您表示同意，就请把名字写到这儿吧。"

不可说："在虚线上签字吧！"不要使用"签字"这个词，要说"写"或其他不大刺耳的字。

你可以这样讲："我想我已经把您需要的材料全准备好了，不过，您最好亲自检查一遍，然后把您的名字写在这里。"

你在由洽谈转入成交时应当作到十分平稳，就像高级轿车的自动传动装置无声无息地转入高速挡似的。

在你开始成交时千万不要开玩笑，比如说："咱们现在已经跑到终点，赶快带我冲刺，别再让我挨鞭子了！"让人花钱的事实在是非同小可，绝不能当成儿戏。

从另一方面来讲，保持镇定自若的态度还应当避免以下动作：拔出钢笔在空中挥舞晃动；抹去额头的汗渍；用舌头舔舔嘴唇；

像要跳水似的做一次深呼吸；冷不丁地把空白订单或合同甩出来，把眼镜拨到一边，干咳几声，神经质地点燃一支烟……客户看到这些动作就会觉得你正准备给他致命的一击。你也不能露出自认为自己是胜利者，买主是手下败将的表情。

只有经验丰富的推销员才能保持镇定自若的态度，但是，如果你能有意识地努力培养自信心，你便可以加快成熟过程，方法是不断提醒自己："我知道这位客户需要我推荐的这种保险，因为我的前期储备和洽谈都清楚地说明了这一点；我知道我推荐的保险能够满足他的需要并使之更幸福，我的保险介绍做得既完备又明了，还充分注意到了竞争对手的情况；我认为他不但对我的商品，而且对我本人都很信任。促成购买决定的 8 个因素他已占有 7 条，只剩下最后一条。从逻辑和规律来看，这最后一条也已成熟。"

如同演说家、演员、音乐家或运动员的表演，其最高艺术的表现是让人看不到雕琢的痕迹。这就是说，观众见到的只是结果，而觉察不出达成这种结果的手段。业余钢琴手或提琴手往往都喜欢死去活来地扭转肢体，让人注意到他们在花多大力量演奏；但真正的艺术家在演奏同一个难段时却表现得轻松自如，将复杂的技艺隐蔽起来，而那些著名的篮球名将可以把一般人可能完成的投篮动作做得似乎不费吹灰之力。

在洽谈进入成交阶段时，你的态度对客户会产生很大影响。如果你对即将取得的成果流露出心虚状，客户自然会疑心顿起。推销员应当平静地把信心传达给客户，创造出一种宽松的气氛直到成交后离开时也不能消失。

投射效应

宋朝著名才子苏东坡，与一位叫佛印的和尚相识。有一天，东坡在路上碰见佛印，见他身披黄袍袈裟，身材魁伟，遂灵机一动，笑呵呵地对他说：“佛印啊，你知道你看上去像什么吗？”佛印一下愣住了，傻傻地问他：“东坡兄，你看我像什么？”东坡哈哈大笑一声，说：“你呀，看上去像一堆大粪。”佛印微微点头，说：“东坡兄，你知道你看上去像什么吗？”东坡闻声，以为佛印要以牙还牙，忙收敛了笑容，很小心地问：“你看我像什么？”只见佛印一字一句地说道：“东坡兄，你一袭学士长袍，满面红光，活像一尊佛啊！”话毕，深深一鞠躬。东坡听完，好不高兴，心里揣摩：“这和尚傻不傻，连我对他的贬损之言都听不明白，还修行个啥呀！”东坡找来苏小妹“分享战果”，小妹听完直跺脚，连声说道：“哥哥，你上当了，你被大和尚‘涮’了！”东坡一惊，忙问“到底怎么了？”小妹娓娓道来：“哥哥呀，你真糊涂！难道你不知道佛教里有句话叫‘心中有佛，见人是佛’；‘心中有大粪，见人是大粪’吗？”东坡顿时满面羞愧，无言以对。

这就反应了心理学上的“投射效应”。所谓“投射”是一个人将内在生命中的价值观与情感好恶影射到外在世界的人、事、物上的心理现象。

一位心理大师曾说，人们往往错误地以为我们生活的四周是透明的玻璃，我们能看清外面的世界。事实上，我们每个人的周围都是一面巨大的镜子，镜子反射着我们生命的内在历程、价值观、自我的需要。

心理学研究发现，人们在日常生活中常常不自觉地把自己的心理特征（如个性、好恶、欲望、观念、情绪等）归属到别人身上，认为别人也具有同样的特征，如：自己喜欢说谎，就认为别人也总是在骗自己；自己自我感觉良好，就认为别人也都认为自己很出色……心理学家们称这种心理现象为“投射效应”。

“投射效应”对推销和重要的一条启示是：保持与客户思维的同步，只有你的想法、你的行动与客户的想法相一致，才能让客户更容易的接受你。

根据心理学的研究，人与人之间亲和力的建立是有一定技巧的。我们并不需要与他认识一两个月、一年或更长的。时间才能建立亲和力。如果方法正确了，你可以在 5 分钟、10 分钟之内，就与他人建立很强的亲和力。优秀的推销员懂得，其中一个特别有效的方法是：在沟通时与对方保持精神上的同步。

首先是情绪同步，也就是你能快速地进入客户的内心世界，能够从对方的观点、立场看事情、听事情、感受事情，或者体会事情。做到与客户情绪同步最重要的是“设身处地”这四个字。

许多平庸的推销员也明白，每天都要保持活力，要有自信心，笑容常挂在脸上，碰到客户一定要兴奋，要有活力，一定要保持笑容。可为什么有时不奏效呢？优秀的推销员会告诉你，因为你所碰到的对象，未必也是常常笑容满面、很兴奋、很有行动力的人。当同一位客户谈事情，发现这位客户比较严肃、循规蹈矩、不苟言笑，若要和他建立亲和力，你需要和他在情绪上比较类似。

假设碰到另一个人，他比较随和，爱开玩笑。你在情绪上也要和他同步，同他一样比较活泼，比较自然。

另外，在语调和速度上也要同步。这要求先学习和使用对方的表象系统来沟通。

所谓表象系统，分为五大类。每一个人在接受外界信息时，都是通过五种感官来传达及接收的，他们分别是视觉、听觉、触觉、嗅觉及味觉。而在沟通上，最主要的是通过视、听、触三种渠道。由于受到环境、背景及先天条件的影响，每一个人都会特别偏重于使用某一种感官要素来作为头脑接收处理信息的主要渠道。

第一种，视觉型的人

这种人的头脑在处理信息的时候，大部分通过视觉画面的储存来处理。所以，视觉型的人特别容易回忆起图像或在头脑里看到的画面。因为视觉图像的变化速度一般较说话速度快，所以视觉型的人说话为了能跟上头脑的图像变化速度就会比较快。视觉型的人第一个特征是说话速度快；第二个特征是音调比较高。因为，通常当一个人说话速度越快，相对的音调也就比较高一些了；第三个特征是胸腔起伏比较明显；第四个特征是形体语言比较丰富。

第二种，听觉型的人

这种人的头脑在处理信息的时候，大部分通过声音来处理，声音变化没有视觉画面变化快。相对来讲，听觉型的人比视觉型的人讲话速度慢，比较适中，音调有高有低，比较生动。听觉型的人对声音特别敏感。另外听觉型的人在听别人说话时，眼睛并不是专注地看对方，而是耳朵偏向对方的说话方向。

第三种，感觉型的人

与以上两种人都不同。感觉型的人第一个特征是讲话速度比较慢；第二个特征是音调比较低沉、有磁性；第三个特征是讲话有停顿,若有所思;第四个特征是听人讲话时,视线总喜欢往下看。

对不同表象系统的人，优秀的推销员会使用不同的速度、语调来说话，换句话说，就是用客户的频率来和他沟通。以听觉型的人为例，如果你想和他沟通或说服他去做某件事，但是却用视觉型极快的速度向他描述恐怕收效不大。相反，你得和他一样用听觉型的说话方式，不急不缓，用和他一样的说话速度和语调，他才能听得真切；否则你说得再好，他也是听而不懂。再以视觉型的人为例，若你以感觉型的方式对他说话，慢吞吞而且不时停顿地说出你的想法，不把他急死才怪。

所以优秀的推销员对不同的客户会用不同的说话方式，对方说话速度快，就跟他一样快；对方说话声调高，就和他一样高；对方讲话时常停顿，就和他一样也时常停顿，这样才不会出现“各说各话”的尴尬情景。因为能做到这一点，所以优秀的推销员很容易和客户之间形成极强的亲和力，对各种客户应付自如。

要想快速地进入客户的内心世界，就要从对方的观点、立场看事情、听事情、感受事情，或者体会事情。做到与客户情绪同步最重要的是“设身处地”这四个字。

做真实的自我

“认识自己”乃是两千多年前希腊大哲学家苏格拉底的一句名言。这句话包含了无穷的真理，假如我们能领悟这句话的真谛，并且好好实践的话，一生必将受益无穷。

我们拜读世界上各行各业成功人士的传记之后会发现，成功的要诀在于有自知之明，也就是经由认识自己，找到自我之后，不断改造自己，才能逐步走向成功之路。当然，成功的推销员也不例外，我们就举日本保险业推销泰斗原一平的例子来说明。

原一平在27岁时进入日本明治保险公司开始推销的生涯。当时，他穷得连午餐都吃不起，并露宿公园。这位落魄的推销员由于一位老和尚的一席话而改变了一生。

有一天，他向一位老和尚推销保险，原一平详细地说明之后，老和尚平静地说：“听完你的介绍之后，丝毫没有引起我投保的意愿”。

老和尚注视原一平良久，接着说：“人与人之间，像这样相对而坐的时候，一定要具备一种强烈吸引对方的魅力，如果你做不到这一点，将来就没有什么前途可言了”。

原一平哑口无言，冷汗直流。

老和尚又说：“年轻人，先努力改造自己吧！”

“改造自己？”

“是的，要改造自己首先必须认识自己，你知不知道自己是一个什么样的人呢？”

老和尚又说：“你在替别人考虑保险之前，必须先考虑自己，认识自己”。

“考虑自己？认识自己？”

“是的，赤裸裸地注视自己，毫无保留地彻底反省，然后才能认识自己”。

老和尚的这一席话，就像当头棒喝，一棒把原一平打醒了。他从此努力认识自己，大彻大悟，终成一代推销大师。

认识自己，看起来简单，其实相当困难。必须经由自我剖析与别人批评的过程之后，才能够逐步认识自己。

对大多数人而言，向自己坦白长短处或向别人承认过错，都是非常难堪的事。因此，许多人总是纵容自己，一旦发生错误每每借口原谅自己，得过且过。只有少数深知从自我剖析之中可获得丰硕成果的人，才甘愿受此种痛苦。他们明了，只有从自我剖析中，才能看清自己的优缺点，才能肯定自我，发挥所长。

大多数人对自己都没有信心，经过自我剖析之后，发觉自己的长处，知道自己性格的弱点，相信自己的能力，确定自己努力的方向，从工作中找到自己，也拾回了信心。

那么，又如何自我剖析呢？最简单的方法就是永远留一只眼睛注视自己，随时反省。

日本近代有两位一流的剑客，一位是宫本武藏，另一位是柳生又寿郎。宫本是柳生的师父。

当年，柳生拜师学艺时，问宫本：“师父，根据我的资质，要练多久才能成为一流的剑客呢？”

宫本答道：“最少也要10年罢！”

柳生说：“哇10年太久了，假如我加倍努力地苦练，多久可以成为一流的剑客呢？”

宫本答道：“那就要20年了”。

柳生一脸狐疑，又问：“如果我晚上不睡觉，夜以继日地苦练，多久可以成为一流的剑客呢？”

宫本答道：“你晚上不睡觉练剑，必死无疑，不可能成为一流的剑客”。

柳生颇不以为然地说：“师父，这太矛盾了，为什么我越努力练剑，成为一流剑客的时间反而越长呢？”

宫本答道：“要当一流的剑客的先决条件，就是必须永远保留一只眼睛注视自己，不断地反省。现在你两只眼睛都看着一流剑客的招牌，哪里还有眼睛注视自己呢？”

要当一流的剑客，光是苦练剑术不管用，必须永远留一只眼睛注视自己，不断地反省；要当一流的推销家，光是学习推销技巧也不管用，也必须永远留一只眼睛注视自己，不断地反省。

要认识自己必须依靠自己与别人，自己就是前述的自我剖析，别人就是他人的批评。由于自我剖析往往不够客观与深入，因此得依赖他人的批评。

人是一种有盲点的动物，往往只看见别人的过失，却看不见自己的错误。

举个例子来说明，有一个学生问老师：“您在我的作文本上所批的字，学生愚昧，实在看不出写的是什么？请老师明示。”老师说：“我只是告诉你，你的字太潦草了，以后要写端正”。

老师只看见学生的过失（潦草），没想到自己也犯了同样的错误（潦草）。基于此，他人的批评就也显得非常必要与珍贵。

他人批评，顾名思义，就是坦诚地请他人来批评自己的意思。“他人”可以包括配偶（丈夫或妻子）、同事、同学、好友、父母亲、兄弟姐妹等这些最了解你的人。借着他人的批评，才能更客观、更深入地认识自己。因为自己眼中的“我”与他人眼中的“我”有很大的差距。要认识自己诚非易事，必须透过他人眼中的“我”，借助他人的批评找出自己的错误，自己才能在认知、反省、改正的过程中，逐步认识自己。

我们知道自己的长处，并发挥自己的长处，不但较易出人头地，获得别人的尊重，自己也会因为工作上的表现，提高自信心，肯定自己。

科学家们常感叹，天然资源的大量浪费乃是悲剧。天然资源的浪费固然是悲剧，但不是最大的，因为世界上最大的悲剧是人力资源的浪费。根据心理学家的统计，人类所使用的能力大约仅占其全部能力的2%。换言之，还有98%的能力尚未使用，人类的长处几乎都还没有开发。

如何开发自己的长处？可以用前述“自我剖析”的方法知道自己的优缺点，也可通过“他人的批评”获悉自己的长短处。两者都是知道长处的好方法。

做好真实的自我，相信真实的自我。这是让自己充满力量，让客户喜欢自己的根本。

穷与富的选择

一个富人见一个穷人很可怜，发善心愿意帮他致富。富人送给穷人一头牛，嘱咐他好好开荒，等到春天播下种子，秋天就可以远离贫穷了。

穷人满怀希望开始开荒，可是没过几天，牛要吃草，人要吃饭，日子比过去还难，穷人就想，不如把牛卖了，买几只羊，先杀一只吃，剩下的还可以生小羊，长大了拿去卖，可以赚更多的钱。

穷人的计划付诸了行动，只是当他吃了一只羊之后，小羊迟迟没有生下来，日子又艰难了，他忍不住又吃了一只。穷人想，这样下去还得了，不如把羊卖了，买成鸡，鸡生蛋的速度要快一些，鸡蛋立刻可以赚钱，日子立刻可以好转。

穷人的计划又付诸了行动，但是日子并没有改变，又艰难了，他又忍不住杀鸡，终于杀到只剩一只鸡时，穷人的理想彻底崩溃了。穷人想致富是无望了，还不如把鸡卖了，打一壶酒，三杯下肚，万事不愁。

很快到了春天，发善心的富人兴致勃勃地来送种子，赫然发现，穷人正就着咸菜喝酒，牛早就没有了，房子里依然一贫如洗。

很多人都有过像穷人一样的梦想，甚至有过机遇，有过行动，但要坚持到底却很难。穷人总是逃避困难，而富人总是坚决地面对挑战，总能想到解决问题的办法。成功者敢于接受挑战，失败者总是在逃避。这恐怕就是穷人与富人的区别吧。

推销员的工作是一份经常要“无事找事”的工作，即“把不可能的客户变成可能的客户，把可能的客户变成真正的客户，把每一个新的客户变成长期的客户”。为了做到这一点，要求推销员反应灵敏，闻风而动，具有强烈的进攻意识。而且一旦开始就要咬住不放。不怕被拒绝，不怕听冷漠的搪塞，不怕被人家从办公室赶出来，要有一种信念：只要订单还没有被别人拿走，就有希望，就必须努力。

因为业务工作本身就已经充满挑战。你可以是一个收入丰厚的推销员，你同样也可以是一个经济拮据的推销员。你的一切都取决于你的业绩。你现在也许有了一些客户，但是他们还不足以支撑你成为一个优秀的推销员，所以，你还要去开发自己的新客户。于是，你心中开始盘算，会被拒绝吗，他是一个容易说服的人吗，他会购买吗，这些你难以预料的问题，实际上就是你所面对的挑战。所谓挑战就是那些自己难以知道结果的事情。无论它们有多么扑朔迷离，你都必须要坦然面对，勇敢接受挑战。因为你的目标是推销，不经历这些挑战，不可能成长，没有这些挑战更难以实现自己的人生目标。

在勇敢接受挑战当中，最重要的是你要敢于向自我挑战。相信你也知道，在你的一生当中，很难有一个人能成为你永远的对手，所以你永远都只有一个最大的对手——你自己，他在不断地向你挑战，而你要勇敢面对所有挑战，最重要的就是不只敢于挑战自己并且要战胜自己！

只要你善于构思，又自信，你就能用积极的心态去面对这种对自我的挑战，这是一条助你改变世界的定则。拿破仑·希尔说：向自己挑战。每做一件事，都要尽你所能，比你自己上一次的表现更好，很快你就可以傲视群雄。你必须向自己的怯弱挑战，视怯弱为无畏，要向不幸挑战，变不幸为幸运；你要向失败挑战，变失败为成功；你要向贫穷的处境挑战，变贫穷为富有；你要向一切不满意的事物挑战，改变自己的命运，改变自己的世界。

如果遇到问题了，没有什么了不起，你要相信问题中已经包含着解决的办法，而你有足够的能力找到它并解决它。

遇到不幸，没什么了不起，对于你这样一个拥有积极心态的人，每一次不幸都蕴含有等量或更多幸运的种子。

遇到困难了，没什么了不起，命运带给你一个困难的同时，也给了你应付这些困难的能力。

只要你善于构思，又自信，你就能用积极的心态去面对这种对自我的挑战，这是一条助你改变世界的定则。

今天的事情今天做

多年以来，一位老农的农田当中一直横亘着一块大石头。这块石头碰断了老农的好几把锄头，还弄坏了他的播种机。老农对此无可奈何，巨石成了他种田时挥之不去的心病。

一天，又一把锄头被碰坏之后，老农想起巨石给他带来这么多麻烦，终于下决心要处理掉这块巨石。于是，他找来撬棍，伸进巨石底下。他惊讶地发现，石头埋在地里并没有想象得那么深，那么厚，稍使劲就可以把石头撬起来，再用大锤打碎，轻而易举地清出了农田。

老农脑海里闪过多年来被巨石困扰的情景，再想到可以更早些把这桩头痛事处理掉，禁不住一脸的苦笑。

推销工作会遇到很多问题，如果找出根源立即处理绝不拖延，不会被这块石头长久压得你透不过气来。今天的痛苦就在今天解决和消化，千万别拖到明天，明天有明天的烦恼。“今天能做的事不拖到明天”，这对所有想成功的人来说都是很重要的，对从事最自由职业的推销员来说更是如此。

千万不要把今天的事情留给明天，因为你必须知道明天是永远不会来临的。明日复明日，明日何其多，你生待明日，万事成蹉跎！要行动，就趁现在！即使你的行动不一定就能够带来快乐与成功，即使失败了，你总是尝试过了，经历过了，付出过了，体会过了，至少有了经验了，以后你再面对同样的问题，或者你再面对同类型的顾客的时候，你总是比别人多了一份经验，这样总是比坐以待毙好。你的行动也许不会让你的幻想即理想，甚至一个小小的目标，结出快乐的果实。但是，如果没有行动，所有的果实都无法收获。“要立刻行动！”这也是一句很好的心理暗示语，你可以在今后的时间里，一遍又一遍，每时每刻重复这句话，直到成为习惯，让它就像你的呼吸一般，成为本能。有了这句话，你就能调整自己的情绪，迎接那些畏惧失败的人避而远之的每一次挑战。

在刚开始你需要一遍又一遍地重复这句话。直到某天清晨醒来时，你默诵着这句话，并开始行动。这样习惯成自然，以后在外出推销时，当那些不懂得马上行动这个道理的人还在考虑是否会遭到拒绝的时候，你已经做好充分准备，开始面对第一个来临的顾客。面对紧闭的大门时，其他推销员也许怀着恐惧与惶惑的心情，在门外等候；但是你要满怀信心地上前敲门！记住，只有行动，才有机会。面对诱惑时，请默诵这句话，然后远离罪恶，在你成功之前不可以帮自己的惰性找理由，更不可以放纵自己在声色犬马的娱乐之中。

也许你觉得你已经是一个卓越的商务人员，但是怎么证明呢？事实胜于雄辩，只有行动才能决定在商场上的价值。很多时候，你要获取成功只需要比平常的人多一点点努力就可以了。如果你身边的平庸同行，每天都要睡足 12 个小时，那么你现在就开始比他多一点清醒的时间，每天 8 个小时用来睡觉已经足够了。一定要养成按时完成计划和任务的习惯，不要为自己不能完成它们找借口。借口只是那些不敢相信自己会成功的人用来蒙蔽自己的迷药。你只有比你的上司更加严格地要求自己，鞭策自己，才可能取得不同于常人的成就。

优秀推销员需要彻底地征服客户

东方公司有位推销员很厉害，进公司没有多长时间业务量升到了首位。在一次公司内部的培训会上，领导让他跟大家分享一下成功经验。他说：“我也没什么秘诀，就是注意掌握信息。”他拿出了一个本子，让大家看了一下，只见上面密密麻麻地记下了许多老总名字、地址和当时的航班，甚至还有客户的生日是哪一天，爱好是什么，家乡是哪里，家庭情况怎么样，这一周在哪里，下一周去哪儿出差，当然还有公司的规模、经营的产品、员工的情况等等，都详细记录着。领导开玩笑说："你都快顶上美国的 FBI（联邦调查局）了。"他不好意思地笑了笑，说："我可就是靠着这本子吃饭的呀！"

他就是凭这些资料成功地和客户达成了一个又一个的协议。他有个习惯，就是找到客户之后，立即着手搜寻这些客户的资料，然后才上门洽谈。由于很清楚客户的需求，达成协议水到渠成，这就是他成功的秘密。

现在社会什么最重要？信息。推销人员只有掌握大量的信息，才能做出准确判断，从而争取到客户。但是有好多销售人员并没有了解到信息的重要性，他们以为只要自己够勤快，就能够多出单子，没必要了解那么多信息，所以总是以"没有时间"、"没有要求"来搪塞自己。

李嘉诚先生就是从推销起家的。有一次他到一个商店销售铁桶，老板一直没有答应。李嘉诚尝试了各种办法都没有效果。后来，他偶然得知，这位老板老年得子，对孩子十分宠爱。孩子喜欢看赛马，但是老板一直都没有时间陪他一起去看。李嘉诚知道这个信息之后，立即去找对方商量，他自己出钱带孩子看赛马，让这位老板十分感动，不久就从李嘉诚那里进了大量的铁桶，而且还成了他的长期客户。如果不是知道了对方的信息，李嘉诚估计还要大费一番周折。

那么，我们如何去了解客户的资料呢？途径多得很。现在是一个网络的世界，很多的资料都能够从网上查到，这可以作为了解客户资料的主要来源。例如我在给一家公司做培训或咨询时，就会首先上网查找他们的资料，包括他们的历史、现状、员工人数、主要产品以及社会对于这家公司的评价等等，有了这些资料，就可以对他们的情况有初步的了解。

但是，网络上的东西毕竟不太全面，要想真正了解客户还需要进一步的努力，需要亲自到这家公司看一看，这样会有一个感性的认识，可以帮助你更全面地了解客户。

此外，可以从公司的员工那里得到重要的情报。如果你以为公司里的前台小姐、维修工人甚至清洁工都是无足轻重的话，那你就大错特错了，请你从今天起一定要好好重视他们，因为他们在某一方面绝对能够给你提供很有价值的情报。

发掘客户是一项细致的工程。只有充分了解了客户，对他了如指掌，才能够彻底地征服他。所以，一名优秀的销售人员一定知道，要想把一名准客户变成自己真正的客户，首先，你就要去了解他。

第四章
拉近与顾客的心理距离

销售就像谈恋爱。接近客户就要像追女孩子一样，得用点心思，拉近与客户的距离，让客户感受到一点与众不同的感觉，才能够成功。

沟通是接受的前提

原一平指出，保险推销与其说是一种语言的艺术，不如说是一种沟通的艺术。在我们以语言为导向的文化中，通常将沟通过程视作一种完全用言辞表达的行为。语言文字固然重要，但它只是与人沟通的方法之一而已。有一项研究表明，在面对面的沟通中，那些来自语言文字的信息不会超过35%，有65%的信息是通过非语言形式传送的。

一个成功的沟通者必须懂得辨识非语言信息，而且尽可能地学习了解它们的意义，对非语言信息的正确解释，取决于沟通者对沟通实质的把握和一定的技巧。

1. 如何进行随时的沟通

当两个人身处对方的知觉范围中时，他们是不可能不沟通的，因为所有的行为多少都具有某种信息价值。无论是微笑还是轻微的动作，都在传达某种信息。人们不断地在沟通着，动与不动都会传送着影响他人的信息。

有人可能会假设这样的情境：“走进一家餐馆，坐下来，双目直视。不和任何人说话，自顾自地吃饭，付了钱，转身就走。除了侍者之外，并未对任何人开过口。这怎么可以说是在沟通呢？”实际上，他已将他不想与人沟通的信息，传送给他四周的人了。

2. 如何进行动作的沟通

最明显的非口语信息，表现在肢体的动作上。

作为一个信息的接收者，运用着所有的感官：视觉、听觉、嗅觉、触觉等。如果同时作为接收人与发送人，会察觉到身体的外观及动作将是多么的重要。会受一个人服装的款式、整洁、色彩及装饰的影响；也会受一个人走路方式、或站姿、移动的影响。

身体的移动可能是明显的，例如大的、强烈的动作；也可能很轻微，例如眨眨眼。身体的动作是我们在不知不觉之中表现的。

身体的任何动作都会把一些信息传达给接收者。但是，必须根据过去对于各种不同类型人物的经验，而不只是眼前的情况来对人下定论，以免造成错误。一个面貌粗暴的人，不一定就是性情暴躁者。必须接受人的行为多面性的事实。

通过非口语表情，我们把应如何解释我们所传达信息的指示，传给接收人。当你传送信息时，你可能也传送了你对信息内容的评价、你的兴趣、你的情绪以及意愿，从而告诉了接收者应如何反应这个信息。这些非口语指令在口语信息到达的同时也被接收了。

3. 如何进行视觉沟通

在非口语沟通的情况下，眼睛有双重功能：接收并发送信息。

眼睛的接触是沟通的一个重要因素。我们可能会对那些说话时眼睛看着我们的人比较信任，因为那仿佛是一种信号——表示他们在说实话。但在另一方面，人们并不喜欢被注视的感觉。当一个演说者用眼睛直视着我们，或特别注意我们时，我们得到的信息是他正在对我们演说，并且他很在意我们是否聆听或了解。但是，当直视变成注意，我们就会开始感到局促不安，而怀疑自己是否有什么地方异常。一般而言，对人凝视会被视为不礼貌、不妥当且令人害怕，但是，凝视可能代表另一种意思。

眼睛在接受信息时也扮演着重要的角色。在我们所有的知觉中视觉是我们周围信息的主要来源。经理们常常这样说："我最好去巡视一下，看看工作情形如何？"可见我们多么依赖视觉收集信息。

4. 如何进行听觉的沟通

在与客户沟通的过程中，声音是非口语沟通中很重要的一个方面（当然，它也是口语沟通中一个不可缺少的部分）。声音能够反应沟通者内心的感受，如音色调整、音量、频率、节奏等，都会影响沟通者所发送的口语信息。

例如，在求职面谈中，求职者大多都会说类似的话，但是他的说话方式对于他是否被录用，具有很大的影响力。例如，可能会说他对这个职务很有兴趣、他将勤奋地工作，但是企业方面的主管可能会注意到他无感情的声音和面孔，从而直觉地感到求职人是言不由衷的。

很少有人对自己声音所给他人的感觉有明确的了解。对于自己声音的音调和音质，自己耳朵所听到的，与听者所听到的，是不相同的。同样地，伴随着声音的非口语性暗示，经常也是不自觉的。

我们常常运用不同的音调，发送不同意义的信息。例如，我们发表了批评性意见，对方辩解后，发现自己批评错了，想要温和地否定原先的说法时，可以这样说："但是我所说的是……"说话的语调要坦率真诚，不要使用原先的批评性腔调。沟通者应该牢记，信息的重要并不在于所说的是什么内容，而是用什么方式来说明沟通的意图。

5. 如何进行空间的沟通

在沟通的过程中，参与者所坐或站的位置，也有信息价值。来自坐在桌后面的某人的信息，和来自坐在近访问者身旁的信息，是有极大差别的。桌子本身会形成一种障碍，它是一种地位及疏远的象征。人与人之间的身体距离，说明了他们沟通的性质以及他们之间的关系。

每个人都有自己的私人空间，当他人侵入我们的私人空间时，我们会变得极端不安。但是这一"私人空间"的范围却因不同文化而有所不同。

空间间隔所反映出来的信息是多种多样的。当两个人在公共场所站立及交谈时，一般都会假设他们所站地面是自己临时的地盘，他人不应闯入。如果两个顾客正站在走廊上谈话，而你正从走廊上经过，你会绕过他们谈话地盘的外围而行，并且当你经过时，常会明显地放低你的头。如果你必须从他们中间穿过去，必然会向他们表示道歉。如果你没有道歉，就会被认为没有礼貌。

沟通的6条策略

你想成为一位出色的推销人员，你就需要成为一位出色的沟通者。你要善于与你的顾客沟通，与你的上级领导沟通。事实上，顾客愿意购买你的产品，成为你合作伙伴，是因为他们喜欢你。善于沟通，你就可以迅速与顾客建立亲和力，建立交情。要想成为一位出色的沟通者，以下6种沟通策略可以帮你一臂之力。

1. 让顾客感觉到自己很重要

人一般都渴望成为重要人物，有地位崇高的感觉。顾客希望你尊重他，你就让他产生一种自己是重要人物的感觉。

顾客希望感觉到自己很重要，希望别人聆听和喜欢自己所说的话。顾客喜欢自己胜过喜欢他人。当你与顾客沟通时，要让他感觉到自己很重要，就应该多谈有关他的事，而少谈有关你自己事。顾客比较关心的是自己是否会成功，而较少会关心你有多成功。在沟通当中，假如你很重视对方，你与对方的感情距离一下子就会拉近很多。

2. 让顾客多说让自己多听

推销中最重要的一步就是找出顾客的需求或需要解决的问题，如果你不了解顾客的需求在哪里，迫切要解决的问题在哪里，你的推销工作就无法展开。要让马饮水，先要让马口渴，要让马口渴，就先要给马吃盐。

了解顾客的需求，除了调查和观察之外，最重要的方法是问顾客问题，让顾客自己把他的需求或问题从嘴里说出来。你要鼓励顾客多说，告诉你的信息会越多，你掌握顾客的信息越多，你越容易推销成功。

3. 多谈“你”少谈“我”

在从事推销的过程中，特别是在和顾客沟通过程中，作为推销人员的你，永远要充当配角，充当助理，不要充当主角，不要充当总裁。你的顾客才是主角，才是总裁。你要甘愿做一片绿叶去陪衬顾客这朵红花，你要甘于退居幕后，让你的顾客尽享鲜花和掌声。

在沟通的过程中，你要多谈“你”少谈“我”，即多谈与顾客有关的事情，少谈与自己有关的事情，多体会顾客的内心感受，少体会自己的内心感受。

4. 倾听顾客在说什么

在研究沟通艺术过程中，我发现良好沟通的一块重要基石就是对他人表现出真正的兴趣。缺少了这一重要基石，沟通就无法顺利进行，也就无法建立和谐的人际关系，达成销售目的了，用心倾听他人讲话比你所做的任何事情都能更好地表示出对他人的兴趣。

我们大部分人容易犯一个毛病，那就是多嘴。事实上，在事业上你有多成功，在销售领域中你的业绩有多好，重要的不是你有多会说，而是你有多会听。会听比会说更重要。因为会说表示你对自己感兴趣，你重视的是自己而不是对方；会听表示你对对方感兴趣，你重视的是对方而不是自己。而人生的弱点是你重视他 1 分，他会重视你 10 分。很多销售人员在与顾客沟通交流的过程中，不是仔细地去倾听对方的讲话，而是静静地等待着自己说话，在静静地思索着自己该讲些什么内容。

5. 应有恰当的自我反应

沟通没有对错之分，只有“有效”或“无效”之分。

在沟通的过程中，表述得很清楚、表达得很准确固然重要，但更重要的是你所传达的信息顾客是否能接收到，并为此作出反应。如果你的话顾客没有听进去，没有作出反应，那么这种沟通就是没有意义的。沟通的效果由你把握，但由顾客决定。

一句话、一个意思可以通过很多方法来表达。顾客完全接收到了你传达的信息，并为此作出回应，说明这种沟通是有效的。改变不好的表达方法，并为此作出回应，说明这种沟通是有效的，改变不好的表达方法，才可能改变听的效果。

反过来说，当顾客说话时，重要的不是顾客说什么，说了多少，重要的是你是否认真在听，是否听进去了，并对顾客的说话作出恰当的反应。

通过生理器官听到顾客所说的话是一回事，去吸收和消化顾客的语意又是另一回事。你不仅要听，而且要听进去，不仅要听进去，而且要消化，以便对顾客作出恰当的反应。

6. 多赞美顾客

世界上最优美的语言是赞美。发自内心的赞美可以帮助你搞好人际关系，使你在事业的道路上畅通无阻。赞美从一定意义上讲，是一种有效的感情投资。自然，有付出就会有回报。对领导的赞美，能使领导心情愉悦，对你越发重视；对同事的赞美，能够融洽感情，增强团结，在合作中更加愉快；对下属的赞美，能使你赢得下属的敬重，激发下属的工作热情和创造精神，从而更好地协助自己在事业上的发展；对顾客的赞美则会赢得更多的成交或合作机会，从而获得更多的利润。美国商界才子鲍罗齐曾说过："赞美你的顾客比赞美你的商品更重要，因为让你的顾客高兴你就成功了一半。"

送人玫瑰，手有余香。赞美不仅带给他人快乐和成就感，同时也帮助了自己。创造赞美俱乐部的克兰博士说，这一简单的办法对各种各样处于烦恼、恐惧、压抑之中的人起了奇迹般的治疗作用。赞美是你生活和工作中的润滑油。

浑身透着热乎劲儿

推销要了解顾客的心理，但是能了解顾客的心理却不是凭空而得的，它首先要求推销者具备一定的素质。试以商品的推销者为例，这些素质是：

1．知识

对于商品、制品、顾客都应相当的熟悉。当顾客向推销员询问时，如果这个不知，那个不晓，就会丧失顾客的购买信心。相反，若能掌握较广博的知识，对商品的尺寸、分量、质量、包装等方面问题能做充满趣味的介绍，就能激发顾客的信心和购买欲。一个店员向顾客介绍一件狐裘，太太说："只怕被雨淋了会走样。"店员解释说："绝对不会，试想，你什么时候见过下雨天狐狸打伞呢？"于是生意成交了。这位店员用他的生物知识一下解除了顾客的忧虑。

2．热忱

有推销热忱才能有购买热忱。你具备了"热忱"这一点，顾客方面有再大的偏见和抗拒，也能轻易地克服。接待任何一个顾客，你都要尽可能考虑到自己会给顾客留下什么样的印象。丧失热忱就等于丧失活力，郁郁寡欢是无法有所成就的。

3．服务意识

对于有购买欲的顾客你要自忖，你能向他提供哪些服务？顾客也是人，如果你有意为他效劳，你的这种意识愈强烈，他愈能诚挚地回报你。

4. 想象力

“想象力支配全世界”，这是拿破仑的名言。想象力配合有技巧的语言，使你可以栩栩如生地向顾客描述商品的价值以及给客户的利益。要知道，产品设计是死的，而顾客购买标准是活的、可变的，通过推销员的想象力，可从不同的角度改变顾客的标准。比如某商品是红的，你可以说“红”象征爱心；黑的，可以说“黑”显示高雅。究竟如何说，就看想象力了。

5. 建设性

在推销谈判陷入僵局时，你要善于果断地提出建设性的建议。这种建议能开拓对方的思路，会使对方尊敬你、信任你。

6. 友情

讲究友情是很重要的。英国诗人菲利浦·辛尼曾说：“朋友以事相托，勿以事大而踌躇，勿以事小而疏忽。”应乐于完成顾客提出的任何要求。能办到的事，尽量办，而且态度要坦率、诚恳。

7. 礼貌

售货员与顾客交易时，应采取比较和蔼的态度。顾客心理上比较喜欢别人的殷勤、服从和尊敬，因此，务必使你的举止合乎礼节。只有你心怀诚意，才能自然地表现出你真诚的语气。有些售货员在与顾客交谈时，用吵架的语气与对方争论，那是不足取的。有些售货员拒绝回答商品价格，认为“一遍遍重复，烦死了”，但对于顾客来说，往往只是第一次提问题，是应该满足其要求的。

8. 外交手腕

一位高超的推销员，应能够巧妙地运用外交手腕。在不需与顾客争吵的情况下，就能消除顾客的不满，这是需要有敏锐深刻的见识和优异卓越的判断力的。如顾客不满意地说，拿给他看的商品不是他所需要的，虽然推销员确信自己没有错，但可以做些让步，说：“对不起，我把您的意思理解错了。”这比辩解更容易使问题得到解决。

9. 耐性

为克服顾客的抗拒心理，要有相当耐性。如你觉得对方有意买你的商品，就应锲而不舍、持续不断地努力，切勿因难为情而放弃。尽管你已经五六次征求了对方的意见，顾客正在心中盘算着，但你却放弃了第七次征求意见，结果还是前功尽弃。

10. 适应性

无论处于任何情况下，推销员均要能随机应变。因为，工作状况经常是不稳定的，心理应有充足的准备，以防意外发生，尤其面对一些心神不定的顾客。如向顾客推荐商品，不要一口气说出该商品全部优点，因为在购买过程中，顾客随时可能发生疑虑和动摇。遇到这种情况，若推销员对商品优点做一些新的补充和解释，就有助于帮助顾客下购买的决心。

关心和赞美顾客

每个人都希望得到别人的称赞和关心，顾客也如此。每个人都有希望别人赞赏和关爱的心理，而且对得体的赞美和适度的关心是很容易注意的。因此，在推销开始时，适当地赞美关心一下你的客户，是唤起客户注意的有效方法。

关心顾客，容易引起顾客的好感，从而使顾客关心你所推销的产品。

如一位服装推销员对一个老顾客说："老张，天气转冷了，据预报今年冬天气温低于往年，您身体欠佳，我看应该买件羽绒服，这种冬装既暖和又美观，而且耐穿……"

关心顾客就会使顾客对你产生好感，进而拉近彼此距离，服务行业也是一样。

广东有一间美容院，生意兴隆，为当地翘楚，究其原因，店主有一经营绝招，即：每月都买回各种报纸、杂志，规定店员每日早晨未开始工作前，必须阅读这些报纸和杂志，从而使店员们获得最新鲜的谈话资料，在工作之时，就能很好地与顾客聊天，博得顾客的欢心。

所以，谈论顾客关心的话题，也能引起他们的兴趣，尤其是要接近陌生顾客，就更需要寻找对方感兴趣的或熟悉的话题。有了一个共同谈论的话题，才能使双方亲近起来，由陌生变为熟悉，进而对你的推销产生兴趣。

推销员也可用赞美的方法，适度地称赞顾客，让顾客高兴。推销员赞美内容有多种多样：外表、衣着、谈吐、气质、工作、地位以及智力、能力性格、品格等等。只要自然真诚并且恰到好处，对方的任何方面都可成为赞美的内容。

一位中年妇女领着自己的女儿来百货商店的旅游鞋精品柜台，她们边走边看，这时营业员突然道："您的女儿真秀气，上高中了吧？"中年妇女笑着说："刚毕业，这不，才考上大学，带她来买双鞋。"

"您的女儿可真优秀，多给您争气呀！将来一定更有出息，您就等着享福吧！您看您的女儿又高又苗条，这种新款式的旅游鞋一定适合她。"

"真的，让我看看。"

这个营业员正是利用了母亲对孩子的自豪和关爱，去称赞孩子，从而吸引了母亲的注意。

还有这样的例子：

美国华克公司承包了一项建筑工程：要在一个特定的日子之前，在费城建一座庞大的办公大厦。开始时一切都顺利依计划进行，不料在接近完工阶段，负责供应内部装饰用的铜器承包商突然宣布：他无法如期交货了。这是个天大的坏消息，这样一来，整个工程都要耽搁了！巨额罚金！重大损失！就因为这个环节失误了！

于是，长途电话不断，双方争论不休。一次次交涉都没有结果。华克公司只好派高先生前往纽约与铜器承包商谈判。

高先生走进那位承包商的办公室，丝毫没有怨气微笑着说："你知道吗？在布鲁克林，有你这样姓氏的人只有你一个。"

承包商感到很意外："哦，是吗？我并不知道。"

"哈！我一下火车就查电话簿，想找你的地址，结果巧极了，有你这个姓的只你一个人。"

"我从来不知道。"承包商兴致勃勃的查阅起电话簿来，"嗯，真的，这是一个很不平常的姓。"他有些骄傲地说，"我这个家族从荷兰移居纽约，几乎有200年了。"

他饶有兴致，滔滔不绝地谈论他的家庭及祖先。当他说完之后高先生仍然没有谈论正题，继续称赞他居然拥有一家这么大的工厂，承包商说："这是我花了一生的心血建立起来的一项事业，我为它感到骄傲，如果你愿意，可以随我到车间里参观一下？"

高先生欣然前往。在参观时，高先生又一再称赞他的组织制度健全，机器设备新颖，这位承包商高兴极了。他声称这里有一些机器还是他自己发明的呢！高先生马上又向他请教：那些机器如何操作？工作效率如何？

到了中午，承包商坚持要请高先生吃饭，他说："到处需要铜器，但是很少有人像你这样对这一行感兴趣的。"

到此为止，高先生一次也没有提起这次访问的真正目的。

最后吃完午餐，承包商说："好吧，我们谈谈正事吧。是的，我知道你这次来的目的，但我没有想到我们的相会竟是如此的愉快。你可以带着我的保证回费城去，我保证你们要的东西如期运到，我这样做会给另一笔生意带来损失，不过我认了。”

高先生轻而易举地获得了他所急需的东西。那些器材及时运到，使大厦在契约期限届满的那一天终于可以完工了。

推销员在推销过程中，对顾客发自肺腑的赞美，总能产生意想不到的效果。作为一个推销员，要时刻以认真找出对方的有价值的东西为首要任务，这样才能使推销在友好、和谐的气氛中形成高潮。你时刻不忘向对方强调他的价值所在，还要设法使对方觉得那价值实在值得珍惜。对方会因此而对自己没意识到的价值有了新的认识，从中创造出崭新的自己，而推销员这时就等于扮演了鼓励他、帮助他、创造出他自己的角色，对方对推销员的好感就会越来越强烈。

寻找客户的兴趣所在

要想激发客户的兴趣，首先要知道客户的兴趣在什么地方。

一般讲，只要能唤起客户的好奇，就能渐渐观察出客户对产品的兴趣所在了。

某推销员手拿一只大信封步入客户的办公室，进门就说：“关于贵公司上月所失去的250位客户，我这里有一份小小的备忘录。”这番话自然会引起客户的好奇，从而有进一步的交谈。

某大百货商店老板曾多次拒绝接见一位服饰推销员，原因是该店多年来使用另一家公司的服饰品，老板认为没有理由改变已经建立的合作关系。后来这位服饰推销员想了一个办法，他在一次推销访问时，首先递给老板一张便笺，上面写着：“你能否给我十分钟就一个经营问题提一点建议？”这张便条引起了老板的好奇心，推销员于是被请进门来。推销员直接进入正题，他拿出一系列新式领带给老板看，并要求老板为这种产品报一个公道的价格。老板仔细地检查着每一件产品，推销员顺势进行了一番讲解。眼看十分钟时间过去了，推销员拎起皮包要走，表示自己守时。然而这时老板要求他留下，他想再看看那些领带，然后，他高兴地按照推销员自己所报价格订购了一大批货，因为这个价格略低于老板自己想的价格。可见，好奇接近法有助于推销员顺利通过客户周围的秘书、接待人员及其他有关职员的阻拦，敲开客户的大门。

利用好奇心也是有底线的，那就是无论利用语言、动作或其他什么方式引起客户的好奇心理，都应该与推销活动有关。如果客户发现推销员的接近把戏，与推销活动完全无关，很可能立即转移注意力并失去兴趣，无法进入面谈，推销员的努力显然就是失败的。

无论利用什么办法去引起客户的好奇心理，必须努力做到出奇制胜。在现实生活中，每个人的文化知识水平和经历不同，兴趣爱好也有所不同。在某个人看来，新奇的事物，并不一定新奇。如果推销员自以为奇，而客户却不以为奇，就会弄巧成拙，增加接近的困难。所以推销员发挥自己好口才的同时，要注意察言观色，多考虑顾客的心理才是。

把握顾客

在自我心理准备成熟，充分研究产品之后，下一步就是对顾客做好出发前的准备工作。

1. 把握顾客类型

对我们即将面对的顾客我们一无所知，我们所能做的是一步步分析、了解，最终做到心中有数。

心理学家帮助我们将顾客从心理上划分为 9 种类型，熟悉了解每一类顾客的性格与心理特征，可以使我们在推销过程中对症下药，因人施计。

（1）内向型

这类顾客生活比较封闭，对外界事物表现冷淡，和陌生人保持相当距离，对自己的小天地之中的变化异常敏感，在对待推销上他们的反映是不强烈。说服此类顾客对推销员来说难度是相当大的。这类顾客对产品挑剔，对推销员的态度、言行、举止异常敏感，他们大多讨厌推销员过分热情，因为这与他们的性格格格不入。对于这一类顾客，推销员给予他们的第一印象将直接影响着他们的购买决策。另外，对这一类顾客要注意投其所好，则容易谈得投机，否则会难以接近。

（2）随和型

这一类顾客总体来看性格开朗，容易相处，内心防线较弱，对陌生人的戒备心理不如第一类顾客强。他们在面对推销员时容易被说服，不令推销员难堪。这一类顾客表面上是不喜欢当面拒绝别人的，所以要耐心地和他们周旋，而这也并不会引起他们太多的反感。对于性格随和的顾客，推销员的幽默、风趣自会起到意想不到的作用。如果他们赏识你，他们会主动帮助你推销。但这一类顾客却有容易忘记自己诺言的缺点。

（3）刚强型

这一类顾客性格坚毅，个性严肃、正直，尤其对待工作认真、严肃，决策谨慎，思维缜密。这一类顾客也是推销员的难点所在，但你一旦征服了他们，他们会对你的销售额大有益处。总体说来，刚强型的顾客不喜欢推销员随意行动，因此在他们面前应守纪律，显示出严谨的工作作风，时间观念尤其要强。这一类顾客初次见面时往往难以接近，如果在出访前获知某人是这一类型顾客最好经第三者介绍，这样会有利得多。

（4）神经质型

这一类顾客对外界事物、人物反应异常敏感，且耿耿于怀；他们对自己所作的决策容易反悔；情绪不稳定，易激动。对待这一类顾客一定要有耐心，不能急躁，同时要记住言语谨慎，一定要避免推销员之间或是推销员与其他顾客进行私下议论，这样极易引起神经质型顾客的反感。如果你能在推销过程中把握住对方的情绪变动，顺其自然，并且能在合适的时间提出自己的观点，那么成功就会属于你。

（5）虚荣型

这一类顾客在与人交往时喜欢表现自己，突出自己，不喜欢听别人劝说，任性且嫉妒心较重。对待这类顾客要熟悉并且感兴趣的话题，为他提供发表高见的机会，不要轻易反驳或打断其谈话。在整个推销过程中推销员不能表现太突出，不要给对方造成对他极力劝说的印象。如果在推销过程中你能使第三者开口附和你的顾客，那么你会在心情愉快的情况下做出令你满意的决策。记住不要轻易托出你的底盘。

（6）好斗型

这一类顾客好胜、顽固，同时对事物的判断比较专横，又喜欢将自己的想法强加于别人，征服欲强。他们有事必躬亲的习惯，尤其喜欢在细节上与人争个明白。对待这种顾客一定要做好心理准备，准备好被他步步紧逼，必要时丢点面子也许会使事情好办得多。但是你要记住“争论的胜利者往往是谈判的失败者”，万不可意气用事，贪图一时痛快。准备足够的数据资料、证明材料将会助你取得成功。再有就是要防止对方提出额外要求，不要给对方突破口。

（7）顽固型

这类顾客多为老年顾客是在消费上具有特别偏好的顾客。他们对新产品往往不乐意接受，不愿意轻易改变原有的消费模式与结构。对推销员的态度多半不友好。推销员不要试图在短时间内改变这类顾客，否则容易引起对方反应强烈的抵触情绪和逆反心理，还是让你手中的资料、数据来说服对方比较有把握一些。对这类顾客应该先发制人，不要给他表示拒绝的机会，因为对方一旦明确表态再让他改变则有些难度了。

（8）怀疑型

这类顾客对产品和推销员的人格都会提出质疑。面对怀疑型的顾客，推销员的自信心显得更为重要，你一定不要受顾客的影响，一定要对产品充满信心。但不要企图以你的口才取胜，因为顾客对你所言同样持怀疑态度，这时也许某些专业数据、专家评论会对你有帮助。切记不要轻易在价格上让步，因为你的让步也许会使对方对你的产品产生疑虑，从而使交易破裂，建立起顾客对你的信任至关重要，端庄严肃的外表与谨慎的态度会有助于成功。

（9）沉默型

他们在整个推销过程中表现消极，对推销冷淡。我们说顾客陷入沉默的原因是多方面的。推销员不擅辞令会使整个局面僵持，这时推销员可以提出一些简单的问题刺激顾客的谈话欲。顾客对面前的产品缺乏专业知识并且兴趣不高，推销员此时一定要避免提技术性问题出来讨论，而应该就其功能进行解说，打破沉默；顾客由于考虑问题过多而陷入沉默，这时不妨给对方一定的时间去思考，然后提一些诱导性的问题试着让对方将疑虑讲出来大家协商；顾客由于讨厌推销员而沉默，推销员这时最好反省一下自己，找出问题的根源，如能当时解决则迅速调整，如果问题不易解决则先退，以备再试成功。

以上是对顾客的总体分析，以及对待每一类顾客的一些简单的原则和态度，在推销过程中还需要灵活对待。切记不可教条化，一位顾客也许是几类的综合，也许是介于两类之间，这时推销员的判断力与机智要受到考验了。

2. 顾客在哪里

要在芸芸众生中确定你要走访的顾客确实是一件困难的工作，而这件工作却非做不可，否则的话岂不成了没头苍蝇，结果自不必说了。对于大多数商品来说，80 ∶ 20 定律都是成立的。也就是说商品 80% 的销售额是来自这种商品所拥有的顾客中 20%。那么如果你能顺利地找到那 20% 的顾客，就可以事半功倍了。

（1）先从大处着眼，圈定推销对象所在范围

对于个人消费品来说，推销员应根据我们前面谈到的对产品的各层次的把握来分析这种产品主要满足哪些层次的需求，其顾客群分布在社会哪个层面上，进而根据这些顾客总体的特点也就可以粗放地拟定出推销场所和时间了。如某种化妆品，按其档次及特点判断出适用于职业女性，故而应在晚间上门推销；如果是工业品，则要确定产品是满足哪一类型工厂的需要。

（2）列出潜在顾客的名单，方法也是多种多样的

客户利用法即利用以往曾有往来的顾客来寻找、确定新的顾客。对过去往来的顾客应设法保留。社会关系法即通过同学、朋友、亲戚等社会关系来寻找可能的客户。通过这种方法联系到的客户一般说来初访成功率应较高。人名录法即细心研究你能找到的同学录；行业、团体、工会名录；电话簿、户籍名册等，从中找到潜在顾客。家谱式介绍法即如果顾客对你的产品满意并与推销员之间保持良好的人际关系，那么你不妨请他将产品介绍给他的亲朋好友或是与其有联系的顾客。

（3）对潜在顾客进行分类，挑选出最有希望的顾客，使你的出访尽可命中 20% 的顾客

一般说来顾客可分为明显的购买意图并且购买能力、一定程度的购买可能、对是否会购买尚有疑问这样三类。挑选出重点推销对象，会使你的销售活动效果明显增强。总的说来，重点应放前两类上。

推销要有耐心

推销员在与客户沟通的过程中，最忌讳的是急于求成。急于求成的推销员往往没有耐心倾听客户的意见，而不善于倾听的推销员很难取得成功。在他们看来，交易是否达成的关键在于他们怎么说；但是事实上是，成交的关键是他们怎么听。

和客户沟通感情就必须有耐心，不能急于求成。急于求成的推销员往往认为自己的时间宝贵，却没有考虑到如果交易没有达成，其实质就是浪费时间。这种现象正好像为了贪图便宜，购买了许多质量差、价格又很低的产品，但是每一件产品都不能使用，结果浪费了大量的钱。如此购买倒不如就选择一个质量有保证、价格较高的产品。推销员与其在有限的时间内试图和两位客户沟通，倒不如在有限的时间内和一位客户达成交易。在交易达成以后，还有一种急于求成的现象是应该避免的，这就是急于离开。在销售学中有这样一个说法：当一笔生意成交后，推销人员必须在 30 秒内离去，以避免客户变卦。这种说法是不妥的。

对于小件物品，也许可以通过这种方式来提高工作效率；但是如果是大件产品，尤其是客户花费较多的产品，如果迅速离去往往会使客户犯疑，以为自己上当进而产生取消交易的想法，而且极有可能将想法付诸行动。推销员有必要在达成交易之后，向客户提出一些保险措施，然后离去，比如留下自己的联系方式和企业的联系方式等。推销员也可以通过赞美客户来取得客户的成交安全心理。

我们仅以保险推销员在离开时应该注意的细节来说明在成交之后怎么样让客户安心。

在推销员和客户达成交易之后，推销员按照以下步骤来安排自己的离开。

第一步收拾资料，并将现金很慎重地收进皮包内，这个动作一定要让买方看出该推销员十分稳重。

第二步是给公司的同事打个电话，要当着客户的面打回去，明确地向公司表示这位客户已经投保，请公司立即承认。

第三步赞美客户。赞美客户眼光独到，购买了这份保险。其购买行为已经对其家庭负了相当的责任。

第四步是告诉客户这份保险有必要和朋友一起享用。因为客户的选择是相当明智的，这种明智的决策足以成为客户向其朋友炫耀的资本。

第五步很礼貌地向客户告别。和客户告别时要郑重地向客户道谢。

耐心是一个推销员应该具备的基本素质，推销本身的基本特征就是从拒绝开始。如果推销员没有耐心，一遇到拒绝就立即放弃，是很难取得成功的，同时也会给客户造成不好的印象。

过去注重理论的专家们为成交规划了四步骤。第一步是接近，取得和客户接触的机会；第二步是营销，既营销自己，又营销产品；第三步是拒绝处理，通常也叫异议处理，这是谈判的磨合过程；第四步是促成，主要是向客户提出成交要求。理论专家们强调必须按部就班，否则就是急于求成。这种理论是有一定道理的，虽然推销员可以通过促成试探来寻找成交的时机，但是就达成交易的全过程来看，这种模式往往比较多见。

有些推销员缺乏耐心，处处急于推销，结果销售业绩不好。有些推销员上来就是一句："你买不买？"这样直接地问倒不如说是问客户："你出不出钱？"这样的交易方式怎么能够成功呢？

有些推销员之所以没有耐心，往往是因为以下几个原因：

一是过去经验表明

在大多数情况下要被拒绝，即使产品介绍得再好，他们往往觉得介不介绍产品是无所谓的事情，反正想买的人就会买，不想买的人就算怎么说也不会买的。因此，他们容易缺乏介绍产品的耐心，一见到客户就问买还是不买。被拒绝是肯定的事情，即使是世界上最优秀的推销员在大多数情况下也是被拒绝的，他们之所以成功就在于他们越是被拒绝就越是想办法将产品更好地介绍给客户。推销员抱有的"想买的人就会买，不想买的人就算怎么说也不会买的"的观点是根本错误的，大多数客户是有产品需求的，除非推销员硬是要给盲人推销近视镜。客户有需求就可以引导，而推销员引导客户需求的方式就是通过产品介绍。

二是推销员本身缺乏耐心

缺乏耐心的人很难做好推销工作，真正成功的推销员往往是有十足耐心的。但是耐心是可以锻炼和培养的，推销员可以通过不断地训练来培养自己的耐心。当推销员求见一位客户时，发现自己已经没有耐心的时候，就要不断地告诫自己要坚持，坚持到最后。只要这次坚持的时间够长，就会成为下次商谈的标准时间，这和锻炼中的“第二次呼吸”是一个道理。

三是推销员希望节省时间多见一位客户

两鸟在林，不如一鸟在手。那些试图通过节省时间来多见一位客户的推销员往往由于缺乏耐心而被客户拒绝。与其这样不断地追求新客户，倒不如在老客户身上获取更好的销售业绩。

总之，推销员千万不要陷入缺乏耐心的陷阱之中，因为缺乏耐心是对客户的不尊重。如果一个推销员在会见其客户的时候显得很匆忙，谁又能保证该推销员在推销产品的时候不会因为匆忙而犯错呢?

推销员在与客户沟通的过程中，最忌讳的是急于求成。急于求成的推销员往往没有耐心倾听客户的意见，而不善于倾听的推销员很难取得成功。

接近客户才有机会交易

只有想办法接近客户，才能够想办法和客户达成交易。但是接近客户是很有技巧的。有些推销员总是用千篇一律的方式作为接近客户的敲门砖："很抱歉，打扰你一下，我是某某公司的某某……"大家想一下，客户一天要听多少类似的介绍呀，早就烦透了，哪里有能够成功呢？

大家常说："销售就像谈恋爱。"接近客户就要像追女孩子一样，得用点心思，要让女孩子感受到一点不同的感觉，她才愿意同你交往。接近客户又何尝不是这样子呢？只有与众不同的方法，才能够获得成功。

这里，与大家分享一下常用的几种接近客户的方法：

第一种就是共同话题法。

找对象的时候，讲究的是要有共同语言，如果没有共同语言，两个人在一块多别扭呀！和客户交往也是这样，你得找到与客户的共同的话题，这样客户才乐意和你交谈，你的机会自然就来了。

记得有一次，一位推销员在一家公司销售电脑的时候，偶然看到这位老总的书架上放着几本金融投资方面的书。推销员刚好对于金融投资也比较感兴趣，所以，就和这位老总聊起了投资的话题。结果两个人聊得热火朝天，从股票到外汇，从保险到期货，聊得都忘记了时间。

直到中午的时候，老总才突然想起来，问他：“你销售的那个产品怎么样？”推销员立即抓住机会给他做了介绍，他立马就说：“好的，没问题，签合同吧！”

你瞧，和客户找到共同话题，你也轻松，他也高兴，可以说是皆大欢喜。但是要注意的一点是：你的谈话要跟上客户的节奏，客户乐意聊，你就多聊一会也无妨，如果客户不愿多聊，那就要适可而止。总之，这只是个入门的方法，你的真实目的还是销售自己的产品。还要注意的是，如果你不是某一方面的专家，最好不要深入讨论，露出了马脚反而“得不偿失”了。

接下来，给大家介绍一种迂回接近法。大家都应该听说过这么一句话：“文思看山不喜平。”写文章讲究的是起承转合，接近客户也是同样的道理，直来直去地接近客户，往往会使客户产生抵触情绪，采取迂回接近的方法，去关心客户所关心的人或事，就更能够增进与客户之间的感情，顺利赢得客户的“芳心”。

有一位业务员，曾经和一家公司打了好长时间的交道都没有拿到订单。公司在内部培训的时候就重点研究了对方的情况，提醒这位业务员要“迂回前进”。签订合同后，他兴奋地说：“自从培训之后，我就设法注意看看还有没有其他接近他的方法。我从他的员工那里知道他很喜欢打高尔夫，所以也常去他去的那家高尔夫俱乐部，装作偶然的样子，跟他常在一起打球聊天，在那里和他建立了关系，慢慢地取得了他的信任，结果我就成功了！”

他没有直接找这位老总谈单子，而是从打高尔夫开始，曲径通幽，最终拿下了这张单子，这就是迂回接近法的妙用。

有些客户对于你销售的产品不太了解，他当然不愿意接受你的产品，所以你得让他了解你的产品，让他亲身体验一下，自然就会对你的产品产生兴趣。

有位推销员是销售某种品牌的空气净化器的。他有个绝招，就是兜里总揣上一盒香烟，在给客户讲解完毕之后，如果客户对这种空气净化器兴趣不大，或者不太相信的时候，他就会把香烟拿出来。他首先让客户嗅一下香烟的味道，然后打开空气净化器，把香烟放到净化器上，几分钟之后，他拿下烟盒，让客户再来闻一下烟盒，结果什么味道也没有了，于是客户对这种空气净化器一下子产生了浓厚的兴趣。他又适时地拿出质检部门的质量检测书，客户就口服心服了。所以他用这种方法，每一次都获得了成功。

引起顾客兴趣

当顾客开始注意到你的产品，下一步要做的就是紧紧抓住顾客，让他们产生兴趣，强化兴趣，为进一步刺激其购买欲打下基础。引起顾客兴趣，是整个推销过程的重要一环，推销员应在此环节上动脑筋，下工夫。

1. 快速把握兴趣集中点。

推销员在与顾客接触过程中已判定顾客的类型，根据顾客类型，结合自己对产品的了解快速判定针对特定顾客的兴趣集中点，围绕一至两个兴趣集中点来展开推销，做到有的放矢。

一般说来商品的兴趣集中点主要有：

（1）商品的使用价值对于大多数商品和顾客来说，这都是兴趣集中点。

因此详细地介绍产品的功能是必不可少的，也是首当其冲的。对于经济上不是很宽裕的顾客，强调商品的多种功能就显得尤为重要。

（2）流行性。

它是虚荣型顾客的一个重要兴趣集中点，大多数装饰品、高档日常用品都应突出这一集中点。根据顾客的着装以及家庭用具可以判断出其兴趣是否集中于此。

（3）安全性。

它对于食品、婴儿用品、电器等显得比较重要。特别是老年顾客以及保守型的顾客的兴趣会集中在此。

（4）美观性。

青年顾客及年轻夫妇多较重视商品的美观性，女性顾客也比男性顾客更多地重视这一点，性格内向、生活严谨的人在注重商品的使用价值的同时，对其外观也较挑剔，如果你的产品外观上有缺陷你不妨刻意回避一下。

（5）教育性。

随着人们收入的提高，对于这一点人们日益关注，尤其中年顾客。

（6）保健性。

如食品、服装、用具，针对老年人要强调这一点，有财力和有时间保护自己健康的顾客尤其重视这一点。

（7）耐久性。

它作为使用价值中一个特殊方面受到大多数顾客的重视，但有些强调时尚的商品则不必强调其耐久性，对于青年顾客这一点往往考虑不多。

（8）经济性。

强调商品的质量价格比优势无疑会使那些经济不宽裕的顾客的承受力加强。另外，商品数量有限、往往会促使犹豫的顾客做出决策；同时，物以稀为贵的思想大多数人都认同，不妨稍加利用。

2. 精彩的示范。

在发现了面前顾客的兴趣集中点后可以重点示范给他们看，以证明你的产品可以解决他们的问题，适合他们的需求。当然如果你的顾客是随和型的，并且当时的气氛极好，时间充裕，你可以从容不迫地将产品的各个方面展示给顾客。但是，我们认为大部分顾客都不会喜欢你占用他们过多的时间，所以有选择、有重点地示范产品还是很有必要的。比如你推销新型的食物处理机，而你的顾客已有了一台老式处理机，这时你只要向他示范你的机器的新功能就可以了，而如果你将所有的功能示范一遍，就会给顾客造成一种印象：这机器的大部分功能我的机器已经有了，不换也罢。这样就将与你有利的因素混在冗长的示范中难以得到突出。

如果在示范过程中能邀请顾客加入，则效果更佳，这样给顾客留下印象更深。在示范时你可以请顾客帮你一点小忙，或借用他方便而不贵重的用具等等，总之想办法让顾客参与进来，而不是在一边冷眼旁观。如果你推销的产品使用起来很方便或是人们经常使用的，那么你放心地让顾客去试用，效果一定不错。例如吸尘器，让顾客自己使用一下以感觉它的风力大与噪声小，一定会好于他看你示范。

在示范过程中，推销员的新奇动作也会有助于提高顾客的兴趣。比如，一般推销干洗剂的推销员会携带一块脏布，当着顾客的面将干洗剂喷涂在上，然而如你一改常态，先将穿在自己身上的衣服袖子弄脏一小块，然后再洗干净它，这样的示范效果一定要好于前者。对于商品的特殊性质，新奇的动作往往会将它们表现得淋漓尽致。比如钢化玻璃，你尽管大胆地把它们扔在地上，当然你带着铁锤和不同质地的玻璃给顾客示范，效果一定会不错。

在示范过程中，推销员一定要做到动作熟练、自然，给顾客留下利落、能干的印象，同时也会对自己驾驭产品产生信心。推销员做示范时一定要注意对产品不时流露出爱惜的感情，谨慎而细心的触摸会使顾客在无形中感受到商品的尊贵与价值，切不可野蛮操作。谨记你的态度将直接影响顾客的选择。

在整个示范过程中，推销员要心境平和，从容不迫。尤其遇到示范出现意外时，不要急躁，更不要拼命去解释，这样容易给顾客造成强词夺理的印象，前面的一切努力也就付之东流了。

一旦出现问题，你不妨表现得有幽默一点，让顾客了解这只是个意外罢了，那么谨慎地再来一次示范是必不可少的。例如，当你推销钢化玻璃，你的示范动作是举起铁锤砸玻璃，理想状态是玻璃安然无恙。而当你向顾客介绍了这种玻璃的各项指数，并开始示范，顾客已想象到了结果是玻璃并不会碎，谁知恰恰相反，玻璃碎了。这时你怎么办呢？你一定不要面露惊慌之色，你可以平静地告诉顾客："像这样的玻璃我们是绝对不会卖给您的。"随后再示范几次。这样就化险为夷了，也许还会增加顾客的印象。

总的来说，示范存在缺陷的原因主要有以下几点，只要你努力去避免这些造成缺陷的原因，再加上你熟练的动作和幽默的语言，一定会精彩地完成示范，达到强化顾客兴趣的目的。

（1）在示范前对产品的优点强调过多，从而使顾客的期望过高，而在整个示范中尽管你和你的产品均表现出色，但却不能使顾客满意。这显然是推销员自己设了一个陷阱。在介绍产品时不要过分夸张，一味强调优点，而是让事实代你说话，你只要充分展示出产品的特性与功能，顾客自然会感觉到。而与此同时，主动介绍一点这种产品设计上有待突破的地方，同时又不伤大雅，也是大有益处的。本来这世上就没有十全十美的东西，由你自己点出来总比让顾客发现而你又在极力隐瞒强得多。

（2）推销员过高估计自己的表演才能。在示范过程中极力表现自己，这也是造成失误的原因。在示范中加入一些表演成分的确可以加深顾客印象，但如果过分表现自己，则容易给人造成华而不实的感觉。而推销员又不是演员，一定不要太过表演，其实娴熟的动作以及简练的语言、优雅的举止才是推销员最好的个人表现。

（3）在示范过程中只顾自己操作，而不去注意顾客的反应。这是示范中的大忌。如果在示范中顾客提出疑问，这说明他开始注意已经跟上你的思路，这时仍要针对问题重点示范或重复示范，不能在示范中留下疑问不去解决。如果顾客对你的示范表现漠然，你就不要急于做下去，而是应该巧妙地利用一些反问与设问，想办法让顾客参与进来。总之在示范过程中切莫忘记与顾客的交流。

要关怀客户

有一个杀人犯，被判无期徒刑，关在监狱里。因为他被判无期，而且无父母、妻子、儿女，既无人探监也无任何希望，在狱中独来独往，不与任何人打招呼。再加上他健壮又凶恶，也没有人敢惹他。

有一天，一个神父带了糖果与香烟来狱中慰问犯人。神父碰见那位无期徒刑犯，递给他一根香烟，犯人毫不理睬。神父每周来慰问，每次都给他香烟，杀人犯无反应，如此延续了半年之后，犯人才接下香烟，不过还是面无表情。

一年后，有一次神父除了带糖果与香烟，另外带了一箱可乐。抵达监狱后，神父才发现忘了带开瓶器，正在一筹莫展时，那个犯人出现了。他知道神父的困难后，笑着对神父说：“一切看我的。”接着，就用他锐利的牙齿把一箱的可乐都打开了。

从那一次之后，犯人不但跟神父有说有笑，而且神父在慰问犯人时，他自动随侍于左右，以保护神父。

这个故事告诉我们：真诚的关心可感化一切，就是一个毫无希望的无期徒刑犯，照样会被它所感动。一个不幸的人，一旦发觉有人关心他，往往能以加倍的关心回报对方。

著名心理学家佛洛姆说：“为了世界上许多伤天害理的事，我们每一个人的心灵都包扎了绷带。所有的问题都能用关心来解决。”这句话给关心下了一个最好的注脚。

关心有一种奇妙的互动关系，除非你先主动关心别人，否则休想别人会关心你。许多人一辈子渴望别人的关心而得不到，问题出在他自己：他只关心自己，从不先主动去关心别人。总之，自私的人别想得到他人的关心。

某汽车公司的推销员在成交之后，客户取货之前，通常都要花上 3 ~ 5 个小时详尽地演示汽车的操作。公司要求所有推销员都必须介绍移动房屋式游艺车的各个细节问题，包括一些很小的方面。比如，怎样点燃热水加热器，怎样找到微波炉上的保险丝，怎样使用千斤顶等等。销售部经理这样说：“我曾看见有些推销员只是递给新客户一本用户手册说：‘拿去自己看看。’在我所遇见的人中，很少有人能够仅靠一本手册就能搞懂如何操作一辆这样的游艺车。我们希望客户能最大限度地满意我们的关心，因为我们不仅期望他们自己回头再买，而且期望他们介绍一些朋友来买车。一位优秀的推销员会对客户说：‘我的电话全天 24 小时都欢迎您拨打，如果有什么问题，请给我的办公室或家里打电话，我随时恭候。’我们的推销员都精通我们的产品知识，一旦客户有问题，他们一般通过电话就能解决，实在不行，还可以联系别人帮忙”。

无论你推销什么，关心都是赢得永久客户的重要因素。当你提供稳定可靠的关心，与你的客户保持经常联系的时候，无论出现什么问题，你都能与客户一起努力去解决。但是，如果你只在出现重大问题时才去通知客户，那你就很难博得他们的好感与合作。推销员的工作并不是简单地从一笔交易到另一笔交易，把所有的精力都用来发崭新的客户，除此之外，还必须花时间维护好与现有客户来之不易的关系。糟糕的是，很多推销员却认为替客户提供优质关心赚不了什么钱。乍一看，这种观点好像很正确，因为停止关心可以腾出更多的时间去发现、争取新的客户。但是，事实却不是那么回事。人们的确欣赏高质量关心，他们愿意一次又一次地回头光顾你的生意，更重要的是，他们乐意介绍别的人给你，这就是所谓的：“滚雪球效应”。

你应当记住：关心，关心，再关心。

你要做到的是：为你的客户提供最多的优质的关心，以至于他们对想一想与别人合作都会感到内疚不已！成功的推销生涯正是建立在这类关心的基础上。

戴尔·卡耐基说：“时时真诚地去关心别人，你在两个月内所交到的朋友，远比只想别人来关心他的人在两年内所交的朋友还多。”那些不关心别人，只盼望别人来关心自己的人，应时刻拿这句话告诫自己。

关心别人既然如此重要，那么要拿什么东西去关心别人呢？有人以为关心别人就得花钱，花钱固然有助于关心，然而大多数的关心都是从点点滴滴的小恩小惠累积起来的。

关心无大小之别，也并不难，只要有心，随时去做，成绩必定可观。

一句诚挚的“谢谢”，一个热诚的“微笑”，简单亲切的“道好”，诚心诚意的“道歉”，这些都微不足道，也不用花钱，可是发自肺腑，就能感人。

我们有很多现成的东西可以关心别人，我们有眼睛，可帮盲人过马路；我们有时间，可陪陪孤儿与老人；我们有双腿，可帮残疾者行走；我们有座位时，可让位给老弱妇孺。虽然都是举手之劳，一个动作，一句鼓励，却展现了关爱之情。

关心更是成功家庭的万灵丹。一个家庭内每一个成员都有他必须去克服的难题：老年人的病痛与寂寞，壮年的事业与工作，青少年的爱情与功课，这些都有赖彼此的关怀，相濡以沫，才能一一克服，建立起温馨美满的家。

推销员关心顾客时，应该特别注意下列的时机：生日、病痛、喜事、丧事、灾难等，因为这些时候最渴望别人的关心。好事，希望你来分享他的喜悦；坏事，希望你来分担他的忧伤。

还有，关心一定要发自内心，出于真诚，否则毫不管用，因为虚情假意、敷衍式的关心，一眼就被人看穿了。

学会劝说

为了达到最终成交，使推销工作取得成功，推销员需要锻炼劝说能力，主要有正面启发和正话反说两种方式。

正面启发是正面告知客户应该去购买产品或说出欣赏的言词。

为了达到推销目的，推销员少不了问顾客，从中多收集信息。推销员在介绍商品时总想诱发顾客做出某种反应。他如果不用问句，而是这样说：“你在别处买不到这么值得买的东西。”这是一句正面陈述，但它没有暗示买主应当作出反应，甚至也无需点头表示同意，这样的推销很难继续。所以最好用问话，启发顾客说出意见。

推销员诱导顾客购买推销产品，必须得考虑买主的反应。是正面反应（积极的），还是反面反应（消极的）？而能够引起积极反应的问题陈述或行动都是有利的。零售店店员问：“你买完了吗？”这是一个消极的问题，是反面启发，表示买主不该再买了。如果这个店员采取正面启发，这样问：“你还要点什么？”事情就会好起来。

反面启发经常比较隐蔽。比如：“你失败的机会只有四分之一。”这句话是反面启发，它说的是失败机会，但如果换成正面表达：“你成功的机会是四分之三。”它其实说的是成功机会，因此是有利和积极的。

正面劝说除了正面启发之外，也可以正话反说。

一位懂得推销的男人是一位体贴的好丈夫；一位懂得推销的

女人是一位善解人意、温柔的好妻子。这是对推销员的形象的比喻。

肥胖顾客问书店售货员道："有《如何减肥》这本书吗？"

"对不起，太太，刚刚卖完，你要同一作者写的《如何增肥》吗？"

"这听起来是在嘲笑我！"

"请别误会，太太，只要按书内的建议相反去做不就成了。"

"我有一位朋友，2个月前她比您还要胖，有一次来我店里买《如何减肥》，当时没有，我就把《如何增肥》这本书推荐给她，想不到2个月后见到她时，居然瘦了15公斤。"

万事无非一理通。这位女士经过推销员的点醒，竟有醍醐灌顶的感受，于是她买一本回家准备试试看。

推销员的思考模式以及应对技巧，必须异于常人，稳中求新方能出奇制胜，让我们保持基本的传统，也扬弃那些老掉牙的推销术语吧。

正面启发要会，同时也要学会正话反说。

多种方式的劝说是推销员的必须不断练习的口才之一。

1=100

一位卖首饰的柜台推销人员说"早上有位老妇人走进我的店里看钻石别针，后来开支票买下别针。我一边把包装好的别针交到她手中，一面以别针为话题闲聊。我诚恳地表达对这只别针的喜爱，称这枚钻石是本店最大的一只，并且来自南非著名的金矿区，此外，我祝福她戴着这枚别针，快乐永驻。

没想到她眼眶盈泪，说我带给她快乐——因为她当时已开始后悔，懊悔自己花了一大笔钱，只为买一只别针。我后来送她到店门，诚挚地感谢她并邀请她经常惠顾本店。一小时之内，这位妇人带来另一位妇人，她亲切地介绍我们认识，并请我领她们参观店里的商品。虽然第二位妇人花的钱并没有第一位妇人那么多，但她毕竟也带给我一笔生意。送她们出门时，我很高兴交了两位新朋友。”

乔·吉拉德是美国历史上最伟大的汽车推销员。在他刚刚任职不久，有一天他去殡仪馆，哀悼他的一位朋友谢世的母亲。他拿着殡仪分发的弥撒卡，突然想到了一个问题：他们怎么知道要印多少张卡片，于是，吉拉德便向做弥撒的主持人打听。主持人告诉他，他们根据每次签名簿上签字的人数得知，平均来这里祭奠一位死者的人数大约是100人。

不久以后，有一位殡仪业主向吉拉德购买了一辆汽车。成交后，吉拉德问他每次来参加葬礼的平均人数是多少，业主回答说：“差不多是100人。”又有一天，吉拉德和太太去参加一位朋友家人的婚礼，婚礼是在一个礼堂举行的。当碰到礼堂的主人时，吉拉德又向他打听每次婚礼有多少客人，那人告诉他：“新娘方面大概有100人，新郎方面大概也有100人。”这一连串的100人，使吉拉德悟出了这样一个道理：每一个人都有许许多多的熟人、朋友，甚至远远超过了100人这一数字。事实上，100只不过是一个平均数。因此，对于推销人员来说，如果你得罪了一位顾客，也就得罪了另外100位顾客；如果你赶走一位买主，就会失去另外100位买主；只要你让一位消费者难堪，就会有100位消费者在背后使你为难；只要你不喜欢一个人，就会有100人讨厌你。

这就是吉拉德的100定律。由此，吉拉德得出结论：在任何情况下，都不要得罪哪怕是一个顾客。

在吉拉德的推销生涯中，他每天都将100定律牢记在心，抱定生意至上的态度，时刻控制着自己的情绪，不因顾客的刁难，或是不喜欢对方，或是自己情绪不佳等原因而怠慢顾客。吉拉德说得好：“你只要赶走一位顾客，就等于赶走了潜在的100位顾客”。

这就是说，人与人之间的联络是以一种几何级数来扩张的。无论是善于交际的公关高手，还是内向木讷之人，其周围都会有一群人，这群人大约100个。而对于推销员来说，这100人正是你的客户网的基础，是优秀的推销员的财富。

建立良好的客户网络，与客户成为知心朋友。与客户交往过程中要以诚相待，同客户交朋友，分担他们的忧愁，分享他们的喜悦。他们可能会向你介绍他的朋友、他的客户，这样，你的客户队伍将不断扩大。

同时，当你在和他们谈你工作上的困难时，他们很可能会主动地帮助你，介绍新的客户给你认识或者帮你直接把生意做成。

与客户交朋友，不要只谈生意，不谈交情，对客户要关心、爱护和体贴，使交易双方不单纯是一种商业关系，而是富有“人情味”的，使顾客产生一种亲切感，在得到物质需求满足的同时，还得到精神情感上的满足。

美国有位叫玛丽·凯的女士，曾叙述她买轿车的经历和感受。她想买一辆黑白相间的轿车，就去汽车店挑选。在第一家店里，由于推销员没有把她当一回事，她觉得受到了冷遇，转身就走了。进了第二家汽车店，推销员对她十分热情，向她仔细介绍各种型汽车的性能与价格，使她感到这位推销员是真正为她着想。当她偶然谈到那天是她的生日时，这位推销员马上请她稍候一会儿，15分钟后，一位秘书拿来一束鲜花，这位推销员把鲜花送给她，并祝她生日快乐。当时，使她感动万分，觉得那束鲜花的价值超过百万美元！于是，她毫不犹豫地购买了那位推销员向她推荐的一辆黄色轿车，而放弃了购买黑白相间轿车的打算。

一束鲜花成了沟通交易双方心灵的桥梁，使商店里充满了友善和温馨的气息，使顾客不由得产生了深深的信任感。此时的生意当然好做了。

碰到顾客过生日当然很偶然，但这种“人情”意识每时每刻都可以在日常工作中表现出来。推销员应该与每一位客户交朋友。因为每一位客户都有许多亲朋好友，而这些亲朋好友又有同样数目的亲友关系。失去一位客户就会相应失去几十乃至百位客户，而若得到一位客户情况就会相反。因为这些人会用自己的亲身感受去影响他的亲友。如果在交易中与客户交朋友，推销员的业绩会取得令人满意的成果。

对推销员来说，顾客是上帝，是推销员的衣食父母，一切业绩与收入的来源，因此顾客至上。

日本的大阪商人精于做生意，他们对顾客非常重视和尊重，甚至在晚上睡觉时都不敢朝向顾客住处，以示敬重。

今天我们从事推销工作，唯一的任务就是把产品或服务销售出去，基于此，必须牢记下列几点：

1. 情绪低落时勿推销，以免得罪顾客。

2. 越是难缠的顾客，越要设法接近，因为他们购买力强。

3. 对你讨厌的顾客，也要从内心感激他，否则你的言行会不自觉地表露出你对他的反感。

4. 当顾客不讲理时，要忍让，因为顾客永远是对的。

5. 绝不要逞口舌之快得罪顾客，因为他们是我们的衣食父母。逞一时之快，就得付出失去顾客的惨痛代价。

6. 不得罪每一位顾客。在每位顾客的背后，都大约站着 250 个人，这是与他关系比较亲近的人：同事、邻居、亲戚、朋友。

由点及面法则

所谓由点及面法则，就是推销人员在某一特定的推销范围里发展一些具有影响力的中心人物，并且在这些中心人物的协助下，把该范围里的个人或组织都变成推销人员的准顾客。实际上，由点及面法则也是连锁介绍法则的一种推广运用，推销人员通过所谓“中心人物”的连锁介绍，开拓其周围的潜在顾客。

由点及面法则所依据的理论是心理学的光环效应法则。心理学原理认为，人们对于在自己心目中享有一定威望的人物是信服并愿意追随的。

因此，一些中心人物的购买与消费行为，就可能在他的崇拜者心目中形成示范作用与先导效应，从而引发崇拜者的购买与消费行为。实际上，任何市场概念内及购买行为中，影响者与中心人物是客观存在的，他们是“时尚”在人群传播的源头。只要了解确定中心人物，使之成为现实的顾客，就有可能发展与发现一批潜在顾客。

利用这种方法寻找顾客，推销人员可以集中精力向少数中心人物做细致地说服工作；可以利用中心人物的名望与影响力提高产品的声望与美誉度。但是，利用这种方法寻找顾客，把希望过多地寄托在中心人物身上，而这些所谓中心人物往往难以接近，从而增加了推销的风险。如果推销人员选错了消费者心目中的中心人物，有可能弄巧成拙，难以获得预期的推销效果。

在你推销商品时，常常有这样的情况：一个家庭或一群伙伴一起来跟你谈生意，做交易，这时你必须先准确无误地判断出其中的哪位对这笔生意具有决定权，这对生意能否成交具有很重要的意义。如果你找对了人，将会给你的生意带来很大便利，也可让你有针对性地与他进行交谈，抓住他某些方面的特点，把你的商品介绍给他，让他觉得你说的正是他想要的商品的特点。有时候，你掌握了他的心理，了解了他想要的商品的概况后，你可以这样说：“您是说想买能耐用一点的，对吧，我这东西正是这样，您仔细瞧瞧，看看是什么料子做的，能不耐用吗？”或者说：“您今天可真是找对了，您想买样式新颖点的衣服，瞧，我们这个是最新款式的服装，您随便挑吧。”如此这般把顾客的话按自己的意图表达出来，就能让顾客觉得你是个懂行情、知人心的人，你的商品也是你按照顾客的需求而推销的，你的交易也就容易成功了。相反，如果你开始就盲目地跟这一群人中的某一位或几位介绍你的商品如何如何，把真正的决定者冷落在一边，这样不仅浪费了时间，而且会让人看不起你，认为你不是生意上的人，怎么连最起码的信息——决定权掌握在谁手里都不知道，那你的商品又怎能令人放心。顾客想到这，谁还会听你继续往下介绍，更别说买你的东西。从这两个相反的事情对照来看，观察出谁是决定者是推销员必备的本领，这对于你的交易成功与否具有关键的意义。

如何确定谁是这笔交易的决定者，很难说有哪些方法，只有在长期的实践过程中，经常注意这方面的情况，慢慢摸索顾客的心理，才能做到又快又准确地判断出谁是决定者。不过，这里可介绍几种比较常见但又比较容易让人判断错的情况。

当你在推销洗衣机时，一个家庭的几位成员过来了，首先是这位主妇说：“哦，这洗衣机样式真不错，体积也不大。”然后长子便开始对这台洗衣机大发评论了，还不停地向你询问有关的情况。这时你千万不要认为这位长子便是决定者，从而向他不停地讲解，并详细地介绍和回答他所提出的问题，而要仔细观察站在旁边不说话，但眼睛却盯着洗衣机在思索的父亲，应上前与他搭话，“您看这台洗衣机怎么样，我也觉得它的样式挺好”。然后再与他交谈，同时再向他介绍其他的一些性能、特点等。因为这位父亲才是真正的决定者，而你向他推销、介绍，比向其他人介绍有用得多，只有让他对你的商品感到满意，你的交易才可能成功，而其他人的意见对他只具有参考价值。

当你去一家公司推销沙发时，正好遇到一群人，当你向他们介绍沙发时，他们中有些人听得津津有味，并不时地左右察看，或坐上去试试，同时向你询问沙发的一些情况并不时地作出一些评价等。而有些人则对沙发无动于衷，一点也不感兴趣，站在旁边，似乎你根本就不在旁边推销商品。这两种人都不是你要找的决定人。当你向他们提出这样的问题："你们公司想不想买这种沙发？""我觉得这沙发放在办公室里挺不错的，贵公司需不需要？"他们便会同时看着某一个人，这个人便是你应找的公司领导，他能决定是否买你的沙发。

在有些场合下，你一时难以判断出谁是他们中的决定者，这时你可以稍微改变一下提问的方式。比如，你可以向这群人中的某一位询问一些很关键、很重要的问题，这时如果他不是领导者，他肯定不能给你准确明了的答复，而只是一般性地应答，或是让你去找他们的领导，如果你正碰上领导者，那么他就能对你提出的重要的问题给予肯定回答。这种比较简单的试问法，可以帮你尽快地、准确地找到你所想要找的决定者。因此，能使你更有效地进行推销活动，避免了时间上的浪费，提高了你的商品推销说明的效率。

应用由点及面法则时，寻找中心人物成为关键。这就要求推销人员做好两个方面的工作：

1. 选准消费者心目中的中心人物。推销人员必须进行详细而准确的市场细分，确定每个子市场的范围、大小及需求特点，从中选择好目标市场，再在目标市场范围内寻找有影响的中心人物。

2．争取中心人物的信任与合作。推销人员应在详细地了解中心人物后，在现行政策允许范围内，积极开展公关活动，尽可能地争取中心人物的支持与合作。

推销人员要在某一特定的推销范围里发展一些具有影响力的中心人物，并且在这些中心人物的协助下。把该范围里的个人或组织都变成推销人员的准顾客。

第五章
推销心理说服法

想要说服一个人，先要把自己推销出去，让顾客依赖你信任你，你才能在推销过程中占据主动，才能事半功倍的说服顾客。

第一印象很重要

如果汽车交易商准备卖一辆旧汽车的话，他会怎样做呢？首先，他把车送到车间里，将表面的擦痕都磨光，并重新喷漆。然后，再将车内装饰一新，换上新轮胎，调整好发动机，总之，使车重新焕发光彩。为什么要这样做呢？因为汽车交易商知道外表鲜亮的汽车一定能卖个好价钱的——比其原值要高出几千元。这与你做销售工作是一样的。要记住仪表不凡和风度翩翩将使你在客户的眼中身价倍增，为成功打下基础。

当别人注视你时，他们将看到什么呢，请站到镜子前面看一下，你所见到的也恰是你的客户所见到的。要保证你自己能够对这个“镜中人”满意，如果你都不喜欢“他”，那可别指望你的客户能够感兴趣。

第一印象是非常重要的，一定要注意保持一种良好的第一印象，因为你不可能再有第二次机会了。客户对你的第一印象是依据外表——你的眼神、面部表情，等等。你可以认为外表就是一种表面语言，正如声音所表达的一样。

服饰对于推销员的作用正如产品的包装一样。良好的感觉和品位是推销中成功的关键。服装应该与推销环境相适合，也要能与所拜访的客户类型相一致。例如，一个向农民推销饲料的推销员的服饰就应该与向医生推销药品器材的推销员的服饰不同，这就叫因人而异。

一项研究表明，客户更青睐那些穿着得体的推销员，而另一项研究表明，身着商务制服和领带的推销员所创造的业绩要比身着便装，不拘小节的推销员高达 60%。现在想一想，你的服装看来怎样呢？或许添置衣服要花一些钱，但它就像一项高明的投资一样，迟早要为你带来丰厚的回报。

在服饰中，除了服装，装饰也是很重要的一项。如香水、发型和面部化妆等都必须精心选择，力求与环境相配，令人感觉协调舒适。在通常的距离以内，客户不仅看见你、听到你，同时还会嗅到你身上散发出来的气息，因此，应非常得体地装饰自己。不要因为自己的仪表、面容给顾客留下不好的印象而制造不必要的障碍。

作为推销员，应不停地与客户进行交流，哪怕无话可说时——例如，微笑一下或耸肩、皱皱眉头。惬意而自然地微笑是你的外表中不可缺少的重要组成部分，会拉近你与客户的情感距离，而且立竿见影。良好的举止对于留下积极的印象也是至关重要的。要知道，客户是通过观察你的外部表情和举止神态来观察你的内心思想的。

最后，一定要避免做出有损你的形象的举止，比如不要嘴里叼着香烟、烟斗等走进客户的办公室。如果客户不喜欢抽烟，那么你会给他留下一个极其讨厌的印象，再想挽回就很难了。

衣服的穿着应与所做的工作相配合。原则上无论是西服还是便服均忌讳奇装异服和过于花哨。衣服的穿着要整洁体面，打扮要干净利落，这样行动起来才会显得中规中矩，胡乱穿着显得粗野，给人一种不信任感。

年轻的推销员，一般来讲应该穿着清雅朴素，使人看起来稳重踏实，但个性不太活泼的年轻人最好穿得花哨一点，以弥补性格方面的缺失。

中年的推销人员，服装的颜色和款式可以新颖一些，如果衣服稍显朴素，也可以用一条别致的领带来弥补。

要避免穿着显眼的高级服饰。客户可能会认为，一个普普通通的推销员都穿得这么高级，那么他所经销的产品一定很赚钱，价钱也一定贵得不合理。所以，给人过分讲究穿戴的印象对推销人员并没有什么好处。

推销人员的服装虽说不要太高级，但也不能随便。即使低薪的推销人员也不能总穿同一套衣服去拜访客户，那会显得你太寒酸，像个穷光蛋。对于推销人员来说，衣服是其推销产品的工具，根据不同季节起码应该备三四套衣服，每天更换，而且经常更换衣服也会给人一种新鲜感。

一个人的长相有美丑之分，这是无法选择的，客户也不会责怪。但是，在社交场合，完全不修边幅，蓬头垢面，就会给客户留下不良印象，直接影响推销谈判的进行，甚至会导致推销的失败。

修饰仪容就以中庸、大方为原则：

照照镜子，面对自己的影像，仔细观察端详，针对自己仪容的特点，作出修饰计划并付诸实行。

男推销员：头发不可太长，也不可过短；发型不要太新潮，也不要太老式，比如平头或光头；头油和香水要少用或不用；胡子要刮净，鬓角要剪齐。

女推销员：发型也以中庸为原则。比如，不要梳理过高的发髻和其他怪异形状；头饰、耳饰、项链不可华丽，珠光宝气会使人觉得俗不可耐；眉毛、睫毛的描画，脂粉、口红、香水的使用，总以淡雅清香为宜，切不可浓妆艳抹，香气袭人，这样会使客户望而却步，生意当然也就谈不上了。

不要戴墨镜和变色镜，因为只有让客户看得见推销员的眼睛，才能使他相信你的言行。上衣和裤子、领带、手帕、袜子等最好能相配。衣服颜色不可太鲜艳夺目，素色会使人感觉清爽。衣服大小要合身，太宽太窄均不宜。

配合季节：夏天穿淡色，冬天穿深色。若冬天穿件白色短棉袄，会使人觉得太寒碜；夏天若穿黑西服，系黑领带，会给人以压迫感。

因地制宜：访问办公室的客户与工厂的客户，所穿的服装就不同。前者适宜穿西装系领带，后者适宜穿夹克。

如果可能，推销员应该穿正统西服或轻便西式上装。绝不可穿轻佻的奇装异服，或是穿着过分暴露的服装。

不要佩戴一些代表个人身份或宗教信仰的标记（如社团徽章、宗教标记等），除非推销员十分准确地知道自己所拜访的对象与自己具有同一种身份或信仰。不要佩戴太多的饰品或配件。

可以佩戴某一种能代表公司的标记，或者穿上某一种与产品印象相符合的衣服，使顾客加深对本公司和产品的联想。如果可能，推销员可以携带一个大方的公事包。要带一支比较高级的圆珠笔、钢笔或铅笔，不要使用那种粗俗的圆珠笔。

如果可能，系一条质地良好的领带。尽可能不要脱去上装，以免削弱推销员的尊严。

推销员在拜访顾客之前，应该对镜自照，检查一下领带是否整齐，扣子是否扣好，衣服是否已经干净挺括，皮鞋是否已经擦亮，鞋带是否已经系好。

第一印象是非常重要的，一定要注意保持一种良好的第一印象，因为你不可能再有第二次机会了。

与顾客保持轻松的气氛

进行一次生动活泼、轻松愉快的推销，的确是一种莫大的享受，而对参与一场枯燥无味、死气沉沉的谈话，简直是一种折磨。怎样才能使谈话进行得成功呢？主要取决于谈话人的方式。

1. 迂回

与对方交谈时，以个人或日常生活为话题，先从个人兴趣、身体状况、家庭、社会有关的趣闻谈起，以观察对方各方面的反应，并分析对方的心理状况，掌握对方特点，然后逐步将谈话转入正题。

2. 辅助

当对方在语言上发生困难时，可以提供适当的话语，加以辅助。切勿使谈话陷入困境，同时要注意只引导话题而不参与谈话者个人的意见。

3. 择要

对对方的散漫的反应，即漫不经心的谈话，加以适当的归纳，并择其要点提供给对方，使对方的话题相应集中，这样做得贴切自如，定能收到好的效果。

4. 追问

当交谈涉及问题的实质时，要求集中，穷追不舍。但要掌握问话的频率，追问到一定程度时还要注意间歇，找些轻松愉快的话题来缓和一下紧张的气氛，然后再继续追问。如果对方故意以“不知道”或“没意见”等话语来搪塞时，可采用“激将法”来激起对方的冲动，进而达到合作的目的。

5. 反复

对谈话所涉及的关键问题及其主要内容，必须反复询问，由此可以起到重复查证或刨根究底的作用。

6. 判断

注意在某些情况下，不要盲目追求某一问题，只要求得到基本情况，再进行分析、判断，即可以达到弄清事实真相的目的。

7. 收缩

在某些情况下，（问题）谈到一定程度时，就要收缩话题加以对照、总结，有遗漏或不够彻底的，可采用“回马枪法”或“穿插法”进行提问。

当然，谈话是双方一种复杂的心理交往，情况千差万别。这就要求我们灵活应用交谈方法，切忌生搬硬套。

营造气氛、利用环境

在推销商品的时候，气氛是相当重要的，它关系到最终能否成交。只有当推销员与顾客之间感情融洽时，只有在和谐的洽谈气氛中才容易推销商品。推销员把顾客的心与自己的心相通称为“沟通”。即使是初次见面的人，也可以由于利用各种因素而“沟通”。

那么怎样才能营造融洽的气氛呢？要注意的地方很多，时间、地点、场合、环境是最主要的。

美国有一位推销员帕特，一次为推销一套可供一座 40 层办公大楼用的空调设备，与某建筑公司周旋了几个月，但买方的董事会迟迟没有作出购买与否的最后决定。

一天董事会通知帕特，要他再一次把空调系统的情况向董事们介绍。“热”天气使他突出一计，他不再正面回答董事们的问题，而是一开始就自作主张地改变了话题。他说："今天天气很热，请允许我脱去外套，好吗？"说罢，还掏出手帕认真地擦着前额上渗出的汗珠。

他的话、他的动作立刻引起了董事们的同样感受，他们似乎一下子也感到了闷热的天气，一个接一个脱下外衣，又一个接一个拿出手帕擦汗。

"各位董事，我想贵公司是不想看到来公司洽谈业务的顾客热成像我这个样子的，是吗？

"我公司生产的空调噪音小，而且采用了世界上最好的省电装置，它不仅可以为贵公司节省开支，更重要的是，它可以为来贵公司洽谈业务的顾客带来一个舒适愉快的感觉，以便成交更多的业务，您说这样好吗？假如贵公司所有的员工都因为没有空调而感觉天气闷热，穿着不整齐，影响公司的形象和顾客对贵公司的感觉，您说这样合适吗？"

这里起关键作用的，显然是帕特及时抓住了所处环境的特点，恰到好处地利用了环境提供给他的条件，采用了与周围环境极适应的语言表达方式，化被动为主动，趁其不备，击其要害，达到了预定的目标。

其实，推销员只要从一个基本立场——处处为顾客着想，并设法使顾客意识到自己的苦心所在，就能营造出一个好气氛，设置一个好环境。

年轻气盛没有经验的推销员在向顾客推销产品时，往往不愿倾听顾客的意见，自以为是，盛气凌人，不断地同顾客争论，这种争论又往往发展成为争吵，因而妨碍了推销的进展。要知道，在争吵中击败客户的推销员往往会失去达成交易的机会。推销员不是靠同顾客争论来赢得顾客。同时推销员也要知道，顾客要是在争论中输给推销员，就没有兴趣购买推销员的产品了。

没有人喜欢那些自以为是的人，更不会喜欢那些自以为是的推销员。顾客对那些自作聪明者的不友好的建议很反感，就是那些友好的建议，只要它不符合自己的愿望，也同样会感到很反感。有些推销员之所以会与顾客进行激烈的争论，可能是他们忘记了这样一条规则：当某一个人不愿意被别人说服的时候，任何人也说服不了他，更何况是要他掏腰包。

要改变顾客某些看法，推销员首先必须使顾客意识到改变看法的必要性，让顾客知道你是在为他着想，为他的利益考虑。改变顾客的看法，要通过间接的方法，而不应该直接地影响顾客，要使顾客觉得是他们自己在改变自己的看法，而不是其他人或外部因素强迫他们改变看法。推销员一旦发现自己的看法和顾客的看法发生冲突，就要格外小心。在推销洽谈开始的时候，要避免讨论那些有分歧意见的问题，着重强调双方看法一致的问题，要尽量缩小双方存在的意见分歧，让顾客意识到你同意他的看法，理解他提出的观点。这样，洽谈的双方才会有共同的话题，洽谈的气氛才会融洽。

洽谈双方意见分歧的起因，往往在于推销员对他的产品做了言过其实的宣传和夸张。解决这一问题的办法很简单，推销员不应自以为是、夸夸其谈，而要采取提问的方法，主动征求顾客的意见和看法。一味坚持自己的看法肯定招致顾客的反对，而采取提问的方式则可以避免这种情况的出现。例如，一个推销档案设备的推销员向顾客问道："如果事实证明，通过改进你们的档案设备，一周之内可以节省好几个小时的工作，你对此有兴趣吗？您想听听有关这方面的详情吗？"像这样的提问方法肯定有助于改善洽谈气氛，推动业务洽谈的顺利进行。只有这样的提问，顾客才会心平气和地考虑你的看法，不至于把顾客激怒。即使顾客没有作出肯定回答，推销员也不会丧失推销机会。

你应当极力赞同顾客的看法。因为你越同意顾客的看法。他对你的印象就越深，推销洽谈的气氛就对你越有利。如果你为顾客着想，顾客也就能比较容易地接受你的建议。有时候必要的妥协有助于彼此互相迁就，有助于加强双方的联系。推销员不应过多地考虑个人的声誉问题，一个过分担心自己的声誉受到损害的推销员很快就不得不担心他的推销。不要刺激顾客反对你提出的看法，这是愚蠢的做法；不要摆出一副先生的架势教育顾客；不要企图纠正顾客的某些偏见、癖好和看法；不要教育和改造顾客，即使在一些似乎必要的情况下，也不要对顾客这样，顾客是不会任凭别人教育或改造的。

在推销洽谈中即使在不利的情况下也应该努力保持镇静。当顾客说推销员准备向他兜售什么无用的滥货的时候，应当友好地对他笑一笑，并且说："无用的滥货？我怎么会推销那些东西呢？我为什么要和您开那样的玩笑呢？您想一想，还有什么比我们之间的友谊更重要？"

有时候，推销洽谈会出现僵局，双方都坚持己见，相持不下。如果出现这种情况，明智的推销员会设法缓和洽谈的气氛，或者改变洽谈的话题，甚至把洽谈中断，待以后再进行。总之，决不在气氛不佳的情况下进行洽谈。

请将不如激将

面对一个做事拖拖拉拉，犹犹豫豫难以下决定的人，推销女神柴田和子用的是激将法：

"一个有出息的人，不必回家跟老婆商量。"

"只有能自我判断、毫不迟疑地做出决定的人，才配称为人中之龙。"

"我听部长说，您可是一块可造之材，所以请您现在就下定决心吧！因为出人头地者决不迟疑。"

"要不，这样吧。您现在就先填写这张申请书，如果夫人反对您的决定，就请您明天打电话来，我再将这张投保书作废。"

碰到扭扭捏捏，不愿填写投保书的人，柴田和子用的是上述激将法。

在这世上有的人明白保险的必要性与重要性，却又总是下不了投保的决心。遇到这种情形，柴田和子会这样对他们说："您打高尔夫球输 5 万，打麻将输 3 万也不皱一下眉头，可是要您每月缴 5 万日元的保费就舍不得。像这样弄不清孰轻孰重的人。怎么期望将来出人头地呢？"如此来激发他们的决心。

经过这些说服，大部分的人都会说："那行吧，我签下这份保单。”而当场填妥投保书的人，几乎没有人会再打电话来取消保险契约。

柴田和子几乎对每一种顾客都威胁过：“如果您不给我来电话，就表示您讨厌我！”

“您嘴上说这说那的，其实您心里根本不想跟我签约吧！”

“不，绝没这回事！”

“那您就签字呀！”

“啊！嗯！可是我得与夫人……”

“最近的男人好像都变得婆婆妈妈的，可是我相信您不是这样的。总之，请您现在就将这张保单填一填，如果您的夫人说不行，我们就将它作废。一般所谓的人中之龙，大多是即知即行，不知道您可不可以算是人中龙凤，但我宁愿相信您是。”

因此，柴田和子的客户全都被他激为有决心、决断快、又有责任感的人。

激发购买的欲望

有个推销员是生意场上的老手了。他凭借自己聪明的脑袋和甜甜的嘴巴，再加上多年积累的实践经验和技巧，总是能够把客户原来的小额订单魔术般地变成大额的、有时甚至是成倍的巨额订单。

让我们来瞧一瞧，他是怎样变这种魔术的吧：

他在一家大商场作推销员。有一天，一个顾客千挑万选，拿了一条价值20美元的领带，到收银台前正准备付账时，这位推销员紧随其后，开了口：

“您买的这条领带很漂亮，您打算穿什么样的西服来配它呢？”

“谢谢夸奖，我是为我那件藏蓝色的西装来搭配的，我想应该很合适吧？”

顾客似乎有点想赢得推销员的赞同。

“当然。但是我这里有一种图案和质地和藏蓝色西装更加搭配的领带，您不妨来看一看。”

顾客竟然不由自主地跟他走到那边柜台前，并伸长了脖子等他拿出领带来。

“您瞧，先生，我没说错吧？”

推销员抽出两条标价为25美元的领带。

“的确是不错，这种斜纹正是我最喜欢的！好吧，就麻烦你把这两条也给我包起来，可以吗？”

“当然。”

推销员面带微笑，十分细心地为这位客人把领带包了起来。

“如果您感兴趣，这边还有许多跟这三条领带搭配的衬衣呢！瞧，这件衬衣怎么样？”

“噢，这种质地的白衬衣穿起来应该很舒服。”

客人摸了摸推销员递到他面前的白衬衣，不由自主地产生了兴趣。

推销员抓住他言语动作之间所传达出来的信息，紧接着说道：“是的，是的，贴身衬衣一定要穿着舒服，让人心情放松才对！”

“我原本就打算今天把衬衣和领带一起买了，可刚才一直没有看到衬衣。”

“那是您还不熟悉这里，没有找对地方，以后再来就知道了。”

“我想我会再来。”

“您穿多大号衬衣？”

还没有等客人回过神儿来，推销员早已心中有数了，他一眼便看出了眼前这位先生应该穿多大号的衬衣。于是，他顺手拿出四件适合他尺寸的白色衬衣。

“这种衬衣一件是多少块钱呢？”

“先生，您若喜欢就一定能够支付得起。不贵，一件才 50 美元。”

“好吧，我买 3 件。”

等顾客再次走到收银台付账时，他拿出了 190 美元现金，而不是 20 美元了。这可是这位先生最开始掏钱时的 9.5 倍！

顾客在这一过程当中，完全是自愿而满足的，他没有提出一句异议。提着一大堆东西心满意足地离开了商场。

推销员在刚刚接触到顾客时必须迅速打开局面，这时当然不能沉默了，在介绍产品时就要适当地减少语言，尽量用事实说话；同时不时地引发顾客参与进来。现在经过一段时间的交流，你已经将自我信息和产品信息输入给顾客，如果前阶段的工作一切顺利，那么现在应该拿出点时间来倾听顾客的意见。如果顾客是属于内向型或沉默型的，你要做的也只是就其兴趣集中点进行引发。一旦他们开口，你要认真倾听，如有必要还可以做做笔记。在对方讲话过程中千万不可以打断，最好时常和对方进行眼神的交流，同时要在合适的机会点头示意。对于顾客所提问题一定要耐心回答，对于准备不充分或确实不了解的问题不要回避，要敢于承认“自己不了解”，但一定要注意这一类问题不要过多，否则就会使顾客对你产生不信任。对顾客错误的或与已不利的说法，如果这种说法并不太重要，那么你最好将其置于一边，保持沉默，切记不能正面纠正。如果顾客的错误太严重，以致影响了他对产品或公司的看法，那么你就要运用你的智慧委婉地予以纠正。冲动是推销员的大忌，一定要设法约束自己，不与顾客发生争论，尤其是正面的交锋最要不得。

刺激对方的购买欲就是要让顾客明确地认识到他的需求是什么，而你的产品正好能满足他的需求。主动找上顾客去推销与顾客去商店选购在这一点是不同的。顾客往往是有了明确的需求才去商场里寻找需要的商品；而你带着商品上门时他们往往并没有明确地意识自己是否需要这种产品，有许多顾客或许根本就不需要。这时你需要你根据顾客的兴趣来找出他的需求，甚至是为顾客创造需求，然后再将其需求明确地指出，如有可能，向顾客描述他拥有你的产品需求得到满足后的快乐，激发顾客的想象力。

例如，你推销的是产品是打字机，当你向顾客展示产品后，顾客对产品各方面都感到满意，并且表现出了兴趣。但你发现他只是有兴趣而已，并没有购买欲，因为他没有考虑到打字机对他有什么用处，他并没有对打字机的需求。在整个交谈过程中，你获知你的顾客有一个正在读书的女儿，此时你不妨来为他创造一下需求，告诉他：“如果你女儿有这么一台打字机，我想，不用多久她一定能打出一手又快又干净的漂亮字来。”听了你这句话，顾客会在心里想：“对呀！我怎么没想到女儿需要一台打字机呢？”如此一来，他就有了购买欲。如果你再刺激他去想象女儿因为能打一手好字而在将来的竞争中处于优势，那么你成功的把握就更大了。

促使顾客想象，就是要让他觉得眼前的商品可以给他带来许多远远超出商品价值之外的东西，一旦拥有甚至会给他带来一个新的世界、新的生活。当然你启发顾客想象应该是基于现实的可能，而不应是胡思乱想。

为顾客指出他的需求时应注意委婉，不可过于直截了当，最好不要用诸如：“我想，你一定需要……”或“买一件吧，不会有错的。”这样的话会使对方感到你强加于人，不免起了逆反心理。

当我们指出顾客的需求，而顾客依然表现不是很积极的，购买的欲望仍不是很强，这时你不妨再略施小计，刺激他的购买欲，语言技巧此时当是尤其重要。

引用别人的话试试。有时你说一百句也顶不上你引用第三者的话来评价商品的效果好。这种方法的效果好是不容置疑的，但是如果你是说谎而又被识破的话那就很难堪了，所以你应该尽量引用真实的评价。一般来说你引用第三者的评价会使顾客产生安全感，在相当程度上消除戒心，认为购买你的商品要放心得多了。

最有说服力的引言莫过于顾客周围某位值得人们信赖的人所讲的话。你可以先向这样的人物推销你的商品，只要你够机灵，从他的口中得到几句称赞我想不会太难，而这句称赞将是你在他的影响力所及的范围内进行推销的通行证。如果某个“大人物”

曾盛赞或者使用了你的产品，那么这将使你的推销变得比原来容易得多。“大人物”可以是电影明星、体育明星、政界要人等等人们比较熟悉的人物，因为他们往往比你容易受到信赖，和他们相比你陌生了许多，自然说服力也就不那么强了。当然这也是广告惯用的手法，在此不妨搬来试试。如果这两类人都无法利用，一个顾客并不了解也不认识的人的话并不一定没有效果，此时就要注意这些话一定要言之有理，而顾客往往又并未在意，那么他会感到颇有启发而欣然接受。

用广告语言来形容你的产品可收到独特效果。广告语言具有简练，感染力强的特点。如果你的产品在一些媒体上进行过宣传，你不妨借用一下广告中的标题语言，如果顾客看过广告则会起到双重印象的效果，如果没有看过顾客会觉得新鲜有趣。类似广告语也会起到这样的效果。比如你推销一种特别锋利的齿形餐刀，那么你用这样的语言：“您和您的家人用这种餐刀品尝鲜嫩的牛肉，感觉一定好极了”会比“这种餐刀的齿形设计锋利无比”要好得多。因此，注意语言生动是极其重要的。

帮助顾客出谋划策，使其感到有利可图。一般来说，顾客对于额外的收获还是乐于接受的。在介绍产品时不妨提供一些优惠条件，或赠送一些小礼品，以刺激顾客的购买欲望。

首先要让顾客承认自己

著名的推销员乔·吉拉德是以推销汽车为职业的，他认为，推销的要点不在于推销商品，而在于推销自己。

当你与顾客打交道时，你要记住，你首先是个人，之后才是推销员。一个人的优劣品质会让其他人产生不同的感情，所以推销员的个人品质，也会使顾客产生好恶等不同的心理反应，从而显著地影响着交易的成败。

著名的“改革闯将”苏州电扇总厂销售部经理潘仁林总结出的一条销售准则是“推销产品，更是在推销你的人品。优秀的产品只有在具备优秀人品的推销员手中，才能赢得长远的市场”。可见你在做业务的时候，首先是要推销你自己，是要表明你的优良人品。你在向顾客推销商品的时候，也在推销你的人品。

向顾客推销你的人品，就是推销员要按照社会的道德规范和价值观念行事，要表现出良好品德：热情、勤奋、自信、毅力、同情心、善意、谦虚、自尊、诚意、乐于助人、尊老爱幼向顾客推销你的人品，最主要的是向顾客推销你的诚实品质，获得他的信任。记住你的任务是说服推销而不是欺骗推销。因此，你工作的第一原则就是诚实，要做到童叟无欺。无论你的语言多么精彩，看起来你是多么有风度，都不如诚实能够博得顾客的好感。顾客都希望自己的购买决策是正确的，从交易中得到好处，害怕蒙受损失。一旦你的顾客觉察到你在说谎或者夸大其词，故弄玄虚时，出于对自己利益的保护，就会对交易活动产生戒心，而结果多半是他主动中止那笔生意。

因此，作为一个值得信赖的冠军推销员，你应该做到以下几点。

1. 实事求是地介绍产品

有好说好，有坏说坏，切忌夸大其词或片面宣传。如果在向顾客介绍一种新产品的性能时，比如说某种新上市的笔记本电脑，既讲产品的优点，又讲缺点，最后还可以就优劣对顾客的影响和解决方法提出建议和看法。那么诚实的态度必然赢得客户的信赖。

2. 信守承诺

推销员常常需要通过向顾客许诺来打消顾客的顾虑。顾客也会常常要求得到推销员在承担质量风险，保证商品优质，保证赔偿顾客的损失，保证在购买时间、数量、价格、交货期、服务等方面以及给顾客提供优惠等等方面的承诺。但是在作出承诺前作为一名推销员，你还必须维护公司的收益和公司的信誉，因此在不妨碍业务工作的前提下，不要做过多的承诺。尤其是当自己不敢肯定自己的诺言是否符合公司的方针政策，是否能够保证承诺兑现时。作为冠军推销员一旦许下诺言，就要不折不扣地承现。如果只是为了赢得交易的成功而胡乱承诺，最后又不能够兑现，那么结果必定是失去客户信赖。不光是导致个人信誉的伤害，甚至导致公司的破产。

先推销自己

有一个现象经常出现在经理（销售经理或市场经理）与客户

接触的过程中，那就是大品牌的经理盛气凌人，动辄对客户指手画脚，感觉就是把客户当成自己的下属，优越感溢于言表。而那些不知名的小品牌的经理却是明显的底气不足，在客户面前，特别是大客户面前唯唯诺诺，生怕声音大了吓跑别人，能得到客户的订单或什么承诺就高兴得不得了，即便有意见也不敢提。大品牌自大，小品牌自卑，经理们在品牌的左右下完全没了自己。

为什么会出现这样的情形呢？难道经理们不想表现得更自然？更像自己一些吗？在品牌面具的后面究竟是怎样的心态？分析根源，我个人认为问题的根本在于：经理们过分的被品牌所囿，心思只是在帮厂家卖产品，对自我的定位不明确清晰。殊不知，其实与客户打交道的过程就是展示自己的过程，你的为人处世、你的观念思维、你的专业能力都将对客户产生影响，对交易行为和结果产生影响。很多时候，大卖场的采购愿意把支持给你，经销商愿意把紧张的资金打给你的公司，并不是公司的品牌影响在起决定作用，而是他们认同这个经理本人，认同他的观念、能力和人格魅力，从而把资源给予其代表的公司，这里起决定作用的是经理本人而不是公司或品牌。

透过这个例子我们来看看：

小李是一家小酱品厂的业务经理，他的主要工作就是为产品找销路。小李很清楚，厂子的实力和团队是不可能直接做卖场的，要销量只有找经销商，才能做渠道和终端，而只有有实力的经销商才能做好渠道和终端。他仔细分析了地区内的调味品代理商情况，选定了某公司，该公司代理了老干妈等一大批调味品的知名品牌，年销量5000多万，是地区最大的综合性调味品代理商，销售网络遍布全省，是再理想不过的合作对象了。找到该公司的业务经理，对方知道他的来意后是不冷不热的，无关痛痒的一个小产品，对方显然没多少兴趣。小李可是有备而来，他不慌不忙的与该公司的经理聊起了家常。说起公司的发家史，经理可谓是洋洋得意兴奋不已，小李边听边微笑点头。

说完发家史，经理又发愁地说，公司的发展很快，原来简单的管理方法跟不上了，在管人、管事、管钱各方面都遇到了瓶颈，很是烦恼。小李心想机会来了，自己可是一直在琢磨经销商的内部管理问题，今天可派上用场了，好好侃他一侃。从图表化管理到流程设计，从人员轮岗制度到预案计划，经理听的眼珠子都不知道转了，只管小李叫大哥！后面的故事就不用详表了，小李不仅让厂里的产品以最好的条件跟该公司签了代理合同，还被该公司的老板聘为顾问，专门为他们的内部管理出谋划策。小李可没为卖产品花什么心思，他先成功地把自己推销出去了。

先推销自己再推销产品，先打造自己的良好形象，在与客户的交往过程中抛开公司和品牌，向客户先推销自己，用你自己去吸引客户的关注，引起他们的兴趣，激发他们的热情，再来做产品销售就是很简单自然的事。就如同你把沟渠堤坝都修筑的很坚固，清水活源自然就来了。如果客户不认同你这个人，恐怕你使多大的劲，销售也不会有多大的进展，因为客户有排斥和抗拒的心理，你的努力自然就大打折扣了。你有能力先把自己推销出去的话，你的公司大与小，品牌强或弱都不重要了，你已经超越了低级的产品贩卖层次，工夫修炼到另一个境界了。小李的故事是不是能给我们的经理们一些思考和启发呢？

先推销自己再推销产品，是一个思维方向，但并不是在任何时候都适合这样，任何事情的发生都要考虑到背景。要想成功地把自己推销出去，不是一个简单的过程，除了你必须具备被推销的价值外（注意：你的价值也是对方需要的），你还必须审时度势，在合适的时候做合适的决定。推销自己，向谁推销？向对方的相关负责人推销，既然是向“人”推销自己，就一定要摸清对方的情况。一个最简单的问题就是“你了解对方今天的心情好吗？”不要小看了这个问题，这可是你能否成功推销自己的关键！如果对方今天的心情很好，你尽可以洋洋洒洒口若悬河尽情表现，对方也会听的兴趣昂然；如果对方今天心情很糟糕，而你没有察觉，自顾着推销自己，听到你的絮絮叨叨，他不上火才怪，哪有心情听你推销自己，三下两下把你打发走了，你还推销什么呢？人都是有情绪的，并且绝大多数的人工作会受到情绪的影响，你在要推销自己之前必须学会察言观色，才会把握火候，在合适的时间合适的背景下推销自己。

总之，具备被推销的价值是基础，学会审时度势是关键，只有这样，你才能有机会成功地把自己推销出去。要成功地把自己推销出去，你必须要有被推销的价值，简单的来讲包括以下几个方面：

1. 足够的专业度。对你的企业、行业、产品、市场有全面深刻的了解，具备当老师和专家的能力。如果被对方说倒了，那就没什么被推销的价值了。

2. 得体的外在形象。作为一个经理，你必须时时注意自己的言行举止。受欢迎的推销员是一个衣着得体、举止文雅、谈吐不俗的人，并以清爽干练、成熟稳重的形象出现在你的对手面前，未开口就先赢得好感，这是一个有效的加分方法。

3. 良好的内在涵养。内外兼修方为得道之理，除了有得体的外在形象，推销员还必须有一定的内在涵养，让人格魅力散发出来。良好的品德涵养能为你赢得更多的尊重与好感，没有人愿意与自私狭隘、唯利是图的人交往，所谓“以德服人”正在于此。

要成功地把自己推销出去，你还必须具备相关的能力，诸如：沟通能力、协调能力、谈判能力、管理能力等。看看以上的能力和素质你具备了多少，准备好了，就可以信心满怀的开始你的成功之旅了。

向有经验的人请教

当你还是一个经验不太丰富的推销员，每当需要开发一种新产品时，你也许会就这个产品是否容易推销，在公司内和自己那些与自己水平不相上下的同事发生激烈的争辩。这种辩论从某些方面看也是好事，毕竟没有摩擦就没有思想的火花。可是实际上，到底容易销售与否的问题，最清楚的，莫过于那些经验丰富而又优秀的前辈推销员。如果你肯谦虚地求教：“我们这次的新产品，不知销路会如何？”你的前辈接过手一摸，一定就可以马上告诉你“这好卖”或“有些难度”。对产品的畅销度，有一种料事如神的直觉，这才是真正优秀的推销员。公司的技术人员，由于专心科研，远离市场，不可能知道自己的技术制造出来的产品，是不是能够在市场竞争中立足。即便是那些整天坐在营业部门搞策划的人，也不可能有推销员知道的那么清楚，因为只有推销员才是最深入市场的。

作为业务新手，遇到这种问题，与其跟同样资历不深的人讨论销路好与坏，还不如去问问优秀的前辈。孔子说："敏而好学，不耻下问"，何况这还不是需要屈尊下问呢！但是，这并不是说每种东西都要一一去问，如果你凡事必问的话会给人留下没有主见或者愚笨的印象，也没有人愿意总是帮助一个愚者。可是当你有怀疑时，不妨找一位你熟悉的资历老、业绩高的推销员，向他虚心请教："您看销路如何，价钱定多少比较合适？"这时候他的答案往往是很正确的。尤其是现在暂时还在后方工作而不了解一线情况的人，或者没有什么经验的新手，这样做会使你的工作效率明显的提高。有的人自命不凡，自作聪明，"这样高价的东西卖不出"或"这种东西怎么可以卖"，但等到别人卖得很好，再后悔已经无济于事了，并已经输在了起跑线上。其实做推销的方法当然有多种，真正的优秀推销员，是需要一天一天地积累。想要获得创新能力也是需要厚积而薄发的。没有平时的积累，就算有了创新，很有可能也是没有可行性的创造，这样的创造不但不能给你带来益处，还有可能让人觉得你是一个不能脚踏实地的人。

要想成为一个卓有成就的推销员，不仅要让自己的知识跟上时代的步伐，在能力上，尤其是工作需要的技巧上，也要齐头并进。

但是，这其中最重要的却是如何掌握学习新的知识和新的技巧的方法。下面学习的方法，如果你能够熟练运用，那么，相信你的素质和水平一定会逐渐得到提高，从而赢得竞争优势。请相信知识经济时代的来临，无论你从事什么工作，懂得继续学习的方法总是能够让你处于不败的地位！

第一，你必须确定自己学习的最高目标和最低目标，并且，根据学习计划制定达到目标的时间表。这其中，可能包括掌握一本入门书籍或学会听懂专业术语的日期，并且你要能够用你新学会的技巧和别人打交道。就是说你要能够迅速地将这些东西消化，变成自己的东西并且在实践中灵活运用。

第二，必须根据你的目标来衡量自己的进步。你甚至可以自己寻找一些有关那种技巧制作的说明书、操作标签及标题，并且估计一下你在回答有关入门书中的问题时情况会如何。其实，如果你有时间的话，参加一种技巧的资格认证，或者一门相关课程，也是不错的选择。这样的环境更有利于你对新知识和新技巧的学习。

第三，学习任何东西的时候都必须精力集中。学习一门其他技巧（你本来所掌握的技巧之外的一种）要求你有非同寻常地集中注意力和持久坚持的毅力，特别在年龄超过了 30 岁以后。如果你刚刚开始学习新技巧就开始做白日梦的话，那么你就必须对自己说：“打住，回到目标上来。”我们说过，爱幻想是好的，但是这个时候的幻想就是被排除在主流之外的痴人说梦！成功的幻想始于行动之前，而非在行动遇到困难的时候的空想。如果你真的想尽快成功，那么想方设法去迎接学习困难东西时遇到的挑战，包括了解你所学技巧的许多差异，或许能迫使你集中精力。

第四，记住，勇敢的你应该是去迎接而不是避开那些深入了解复杂知识和熟练掌握新技巧所带来的种种挑战。要知道对另一门技巧，到底需要多深入地了解，并没有一个实际可触的界限，而且你也应该清楚，并不是要成为这方面的专家学者，你只是在追求某种程度的掌握。所以，困难并不是你在遇到挫折时所预见的那么大。

第五，需要明确你还没有掌握哪些继续学习新的知识和新的技巧所需要的基础知识。如果你已持续了一段时间，那么这样一个事实就表明你已掌握了一些初步技巧。然而，你在这个新知的学习中，极有可能会发现同时学习其他的技巧也很必要。比如说，当你遇到很多必须要记忆但是又很难记忆的东西的时候，你也许会觉得自己已经没有这样的记忆力来应付这门技巧了，事实上是你的记忆方法需要更新了。

总而言之，如果你想成为一个杰出的推销员的话，当你做到全身心地投入到一个追求长期收益的活动的时候，比如说学习，你应该克制自己的追求即刻满足感的欲望。追求即刻满足感的人在学习一项复杂又需要长期坚持的活动时，往往很快就会放弃。相反，如果你耐心地花时间学习更高水平的技巧，你就有机会体会到获得一种长期的利益所带来的成就感。需要记住的是，在这个时候你只是一个初学者，从事学习这样复杂的活动的时候，是没有捷径可言的。这或许也是取得巨大成就的一个代价，虽然成功的代价不仅止于此，但是只有付出过且有收获的人才能真正体会成功对于自己来说绝不仅仅是掌声、荣耀那么简单。

向前辈请教是增加自己经验的最简单的途径。

给客户适当的好处

顾客为什么买推销员的产品而不去买其他家的产品，原因就在于推销员的产品可以解决问题。顾客在听推销员介绍产品时，最关心的就是产品的好处，产品可以解决什么问题。

“好处”是“有助于改善，获得便利，得到帮助的任何东西”。

好处不一定紧跟着事实。许多成功的推销人员自然地把事实和好处联系起来，以好处为开端，从而引起潜在顾客的注意。当首先听到利益时，潜在顾客会更认真地聆听推销员的谈话。

在推销员对产品（服务）作评论时，还需要回答潜在顾客未说出的问题：“那些特点对我有什么好处？”当推销员列举出不符合对方的利益的事实时，许多潜在顾客想“这对我来讲有什么用呢？”或表述为“这里面对我有价值的部分是什么呢？”或简称为“与我何干？”当推销员向潜在顾客陈述一项事实时，推销员得时刻想像这几个字正在对方的脑子里闪过！推介产品的好处能清楚地说明为潜在顾客提供的有价值的东西。推销员有可能夸大这些好处，但不要向潜在顾客过度吹嘘，仅仅将重点集中在潜在顾客感兴趣的那些利益上。产品的好处在关键时候往往是化解顾客反对意见的利器。一般来说，顾客购买推销员的产品而不购买其他产品是基于以下几个方面的考虑：

赚钱

股票经纪人通过技术性投资帮助人们赚钱。房地产商通过帮助顾客获得能升值的不动产来帮助人们赚钱。电脑销售代表帮助人们赚钱，因为电脑能够使产出不断提高。

推销员在介绍产品时应该回答这个问题：我的产品（服务）如何为顾

客提供利润或收入呢？

省钱

保险代理人通过帮助顾客以最好的价钱购买最大限度的保护来帮助人们省钱。工业企业推销人员通过提供折扣或寻找更加便宜而具有同样功效的替代品来帮助人们省钱。

推销员在介绍产品时应该回答这个问题：我的产品（服务）如何为顾客省钱呢？

安全感（内心的宁静）

潜在顾客如果感到他（她）的资金得到合理投资，就会产生一种安全感，或者一家电脑公司提供随时的服务，顾客会有安全感。安全感可以消除对于操作的恐惧。

推销员在介绍产品时应该回答这个问题：我的产品（服务）如何为顾客带来安全感呢？

方便（舒适）

方便（舒适）意味着能像一辆新车带给顾客没有噪音的享受一样。效率或安逸是对方便和舒适的另一种表述。一台新复印机意味着复印速度加快；一项新邮件服务意味着少跑几趟邮局。

推销员在介绍产品时应该回答这个问题：我的产品（服务）如何为顾客带来方便或舒适呢？

灵活性

多种可供选择的付款方式显示了灵活性。多种式样或多样化的交货时间也起到同样效果。一项多样化的方案为顾客提供了选择的权利。

推销员在介绍产品时应该回答这个问题：我的产品（服务）如何为顾客带来灵活性呢？

满意（可靠、快乐）

得知自己作了正确决定，会给推销员带来满意感。潜在顾客通过研究“用户报告”、询问朋友以及查阅推荐目录，就可能对推销员的产品产生满意感。

个人的满意感来自自我改善或自我效力的提高。购买本书就可以获得这些好处。

快乐可能伴随着对于某辆车、游艇、雪橇、录像机或其他娱乐产品的购买。

推销员在介绍产品时应该回答这个问题：我的产品（服务）如何为顾客带来满意感或快乐呢？

节省时间

如果顾客购买设备的同时还得到了培训，这样做就节省了顾客的时间。当房地产经纪人提前看过房地产目录，并挑选出符合潜在顾客标准的那些房地产时，就节省了顾客的时间。

推销员在介绍产品时应该回答这个问题：我的产品（服务）如何为顾客节省时间呢?

认同

潜在顾客可能会因为购买某种产品从而提高了工作效率，使他们能够生活得更加轻松悠闲，所以他们对这种产品表示认同。一家小银行由于更加个性化的服务而得到了顾客的认同。

推销员在介绍产品时应该回答这个问题：如何使顾客认同我的产品（服务）？

地位

一辆豪华轿车、个人电脑、度假别墅或一流的旅行，都是体现社会地位的购买行为。当购买一定等级或超过其他同事的产品时，顾客就是在购买地位。十几岁的年轻人购买某种蓝色牛仔服，就是为了使自己看起来很“入流”。对物主身份的自豪感是显示地位的另一种方式。

推销员在介绍产品时应该回答这个问题：我的产品（服务）如何为顾客带来地位的满足呢?

健康

购买健康可能体现在对于体育用品或体育馆会员证的购买。它可能是一项全面的健康计划，或请一位医疗专家来对付慢性病，它也可能是使伤害事故发生几率较小的新机器设备。

推销员在介绍产品时应该回答这个问题：我的产品（服务）如何为顾客带来健康?

顾客为什么买推销员的产品而不去买其他的产品，原因就在于推销员的产品可以解决问题。

商品要让客户合适

哈里是一位五金店的推销员，他知道下列资料对于他的顾客是何等重要。

顾客：“我需要这些油漆，每种颜色各要两桶”。

哈里：“我可以立刻替你把它们调好，你想要些什么固色剂呢？”

顾客：“我不知道，有什么可供选择？”

哈里：“有好几个的，首先请你告诉我，你要将油漆刷些什么东西，然后我们就从那儿着手”。

顾客：“这个黄色是厨房用，而蓝色是客厅用”。

哈里：“我建议厨房用带半光泽的油漆，因为它能形成硬一点的漆面，让你在清洗炉具及其他被溅污的地方时更觉容易。至于客厅方面，是普通的家用起居室，还是正统一点用作招呼客人的？”

顾客：“客人用的，我们另有一间自己的起居室”。

哈里：“那么，我会建议你用浅薄的漆油，因为看起来感觉较柔和。虽然不可以时常清洗，但对于你的客厅来说，应该不是什么问题”。

顾客：“好吧！就替我把这些油漆调好。当我有机会翻新浴室的时候，或者你可以再提供给我一些意见”。

利用适当的问题，你可以轻易地将你要销售的产品和服务与顾客的需求互相配对。汤姆是一间书店的推销员，她知道若要清楚顾客的需求，唯一的途径就是直接向他们提问。

汤姆:“你今天想为自己买书,还是想选购礼物送给别人呢？”

顾客：“我正想买一份礼物送给妈妈”。

汤姆：“你妈妈对历史或文艺有兴趣吗，她可有什么嗜好？”

顾客：“喔，她算是一位电影迷，但是，我相信她已经有很多这方面的书籍了。我猜妈妈热衷的其他东西就是她的孙儿和烹饪”。

汤姆：“一本新的烹饪书怎么样？”

顾客：“我不知道……她正在减肥”。

汤姆：“我有个主意，有本刚出版的烹饪书收集了电影明星和其他名人所提供的低脂肪食谱和保健方法。你妈妈可以一方面尝尝新食谱，另一方面保持她的减肥计划，同时也可以认识多一些她有兴趣的人物。这本就是……”

顾客：“好主意！她会喜欢那些图片的。你们有礼品包装服务吗？”

这位推销员最终能够在特性和好处间找出完美配合，全因她聆听了顾客的需求。

如果顾客知道自己想要寻找一样具有某些特性的产品，像品牌、价格、颜色等等，推销员要找出符合他需求的物品就会较容易。不过，当顾客并不清楚他想要什么的时候，你就要把握这个机会，将产品的特性和好处，和他的需要作出配对。

某些对一位顾客十分重要的产品特性和好处，可能对另一个人而言却无关痛痒。例如，一块耐用、防锈的桌面对于一个有小孩的家庭，是一项重要的家具特性；但对另一个没有小孩的家庭来说，那种特性意义却不大。所以，运用开放式提问去找出顾客所需，就成为你工作的一个重要环节。当顾客向你说明他的需求时，你就要即时想想有什么产品的特性可以与那些要求互相配合，不要浪费时间跟顾客讨论一些对他毫不重要的事情。

利用“谁”、“什么”、“哪儿”、“何时”、“怎么样”或“为什么”来提问顾客，这样他们给你的响应就会比纯粹回答“是”或“否”提供更多的资料。如果你能够提供可以协助顾客作出最佳选择的资料，他们将会感激你。顾客未必知道不同的油漆（特性）会带来不同的效果（好处）。合适的总是最好的，为了让顾客感到最大限度地满足，推销员的任务就是为顾客的需求与产品之间建立一个美的配对。

掌握主动引导客户

引导在买卖交易中的作用很大，特别是意向引导。它能使顾客转移头脑中所考虑的对象，产生一种想像。这样，就使顾客在买东西的过程中，就会变得特别积极，在他们心中也产生一种希望交易尽量成交的愿望。

有时这看起来是一种将计就计的方式，但这种谈话模式的确对推销有很大好处。顾客是否真的想拥有什么姑且不管，推销员只需抓住他所说的话而大做文章，给他提供一个符合他话中所讲的意思的产品。这时，他事先说过的话就不好反悔了。否则就会感到十分难堪。这样的情况在我们生活中也时常发生。譬如，我们上街去买衣服，走进一个服装店里挑选，其实这时可能我们并不想买什么，只不过是看看而已。这时营业员就会上来对你说：

“喜欢哪一件穿上试试吧！”

“拿这件给我看一看吧。”

“这衣服不错，挺合您身的，穿上会显得更秀气。”

“不过，这衣服的条纹我不怎么喜欢，我喜欢那种暗条纹的。”

“有啊，除了暗纹的，还有净色的呢。你看，这是从美国 ×× 服装公司进口的，价格也挺便宜的，和您刚才穿的差不多，做工更细一些，怎么样？试一试吧！”

“这衣服不错，挺合您身的，穿上会显得更秀气。”

“不过，这衣服的条纹我不怎么喜欢，我喜欢那种暗条纹的。”

“有啊，除了暗纹的，还有净色的呢。你看，这是从美国 ×× 服装公司进口的，价格也挺便宜的，和您刚才穿的差不多，做工更细一些，怎么样？试一试吧！”

“可是有点贵。”

“一点也不贵。像这种物美价廉的外贸还真不多。你到大商场里去看看就知道了，一件卡杰尼牌的衬衫就要五六百块。就连一块手帕，也要 100 多。其实用起来也是差不多。这件才 90 块钱呀！”

“还是有点贵啊！”“再便宜我就没挣头了，看你真心要，85 块吧。”

“好吧，我买了。”这个推销员就运用了“引导法”。

你说想要什么款式、什么价钱的，他就给你提供你信口说的那种，使你不得不买。

又比如，一个推销小轿车的推销员，如果碰到一位顾客这么说：

“这部车，颜色搭配不怎么样，我喜欢那种黄红比例配调的。”

“我能为你找一辆黄红比例配调的，怎么样？”

“我没有足够的现金，要是分期付款行吗？”

“如果你同意我们的分期付款条件，这件事由我来经办，保证让您满意。”

“哎呀，价格是不是太贵啦，我出不起那么多钱啊！”“您别急，我可以找我的老板谈一谈，看一看最低要多少钱，如果降到你认为合适的程度，你买吗？”一环套一环，牢牢地掌握他的话头。运用这种战术，一般成功的希望比较大。

让客户与你合作

七个有效的服务小技巧，能让客户与你合作。

你是否曾经遇到过这种情形：客户非常的不理性或者愤怒，他拒绝任何理性的合乎逻辑的建议。这里有 7 个建议，让你能够使他的情绪逐步平复下来并和你达成一致。

1. 合作

首先你需要找一个双方都认同的观点，比如说：“我有一个建议，您是否愿意听一下？”这么做是为了让他认同你的提议，而这个提议是中立的。

2. 你希望我怎么做呢

通常我们自以为知道别人的想法。我们认为我们有探究别人大脑深处的能力。为什么不问一下对方的想法呢？只有当对方描述他的想法的时候，我们才能真正确定，才可能达成双方都接受的解决方案。

3. 回形针策略

这是一个小的获得认同的技巧，是一个经验丰富的一线服务者告诉我的。当接待情绪激动的客户时，他会请求客户随手递给他一些诸如回形针、笔和纸等东西，当客户递给他时，他便马上感谢对方，并在两人之间逐步创造出一种相互配合的氛围。他使用这个方法好几次，每次都能有效地引导客户进入一种相互合作而达成一致的状态。

4. 柔道术

现在你了解他的情况了，你可以抓住扭转局面的机会利用他施加给你的压力。你可以说：“我很高兴您告诉我这些问题，我相信其他人遇到这种情况也会和您一样的。现在请允许我提一个问题，您看这样处理是否和您的心意，……”

5. 探询“需要”

客户向你要一支可以在玻璃上钻孔的电钻，这是他的需求，如果你只是努力满足这一需求，就失去了更有效地满足客户需要的机会。“需要”是“需求”背后的原因，客户要这种电钻的原因是要在玻璃上打孔；是因为需要把管道伸出窗外等等。你应该努力去满足客户的需要——有没有把管道伸出窗外的更好方法?而不仅仅停留在满足客户需求的层次上，把电钻给他了事。我们经常发现客户提出的需求并不一定最符合他的需要，因为我们是专家，完全可以在这方面帮助客户，这也是最能体现我们专业价值的地方。

通常你在问对方问题时，对方总是会有答案的。如果你问他们为什么，他们就会把准备好的答案告诉你。但是，只有你沿着这个答案再次逐项地追问下去，它们才会告诉你真正的原因，你才会有去满足客户“需要”的方案。最好的探询需要的问题是多问几个“为什么”。

6. 管理对方的期望

在向他说明你能做什么，不能做什么时，你就应该着手管理对方的期望了。不要只是告诉他你不能做什么，比如：“我不能这么这么做，我只能这么做。”大多数人所犯的错误是告诉对方我们不能做什么。这种错误就好像是你向别人问时间，他回答你：“现在不是11点，也不是中午。”请直接告诉客户他到底可以期望你做些什么？

7. 感谢

感谢比道歉更加重要，感谢他告诉你他的问题，以便你更好地为他服务；感谢他指出你的问题，帮助你改进工作；感谢他打电话来，你觉得和他沟通很愉快。客户的抱怨往往起源于我们的失误，客户的愤怒往往起源于我们的冷漠和推诿。所以他打电话来之前会预期这将是个艰苦的对决，而你真诚的感谢大大出乎他的预料，他的情绪也将很快得到平复。

新人的推销之道

对很多进入销售岗位的新人来说，要想迅速的找到适合自己的销售方法，总是很难。人的性格千奇百态，因此单针对销售来说，想给许多刚进入营销行业的或已经在销售行业的工作者但业绩不算如意的同行们分享一点心得体验。

目前的销售方式分为电话销售、陌生拜访、网络销售三种。无论是那一种销售，都会有一个共同的起点，那就是资料的收集。电话销售需要电话号码，陌生拜访需要了解指定在一个区域或某大厦内的情况，网络销售需要找到客户群的集结地。因此当我们在做好这些工作的准备时，我们也同时的也要去思考，怎么样才能不浪费、最有效的利用这些资料呢。

当你在打电话前、登门拜访前、上网打开网页前，如果你有想过如何善用这些稀薄的资料，说明你已经是个合格的销售人员了，已经懂得如何做好销售了。如果你根本就从未思考过或根本就像无头苍蝇样不知道如何善用这些辛苦收集回来的资料，这时候你可以从钓鱼和撒网这两种方法入门。

钓鱼，意味着你可能需要花很长的时间才能做好一件事，但如果逐渐懂得了钓鱼的技巧，你将知道在那里、用什么方法将可以钓到大鱼。

首先，你当然是要熟悉了公司的业务基础知识。不浪费每一个通话机会、每一次拜访机会，仔细又仔细的询问你潜在客户其担心的问题或已经存在烦恼的问题，专门用点时间、用钓鱼的耐心来围绕着客户，用自己最热心、最专注、最专心、最诚恳的一面，想方设法地帮助客户解决其担心的问题，帮助其解除烦恼的问题，专门针对实际的问题，写出一份详实的解决方案，让客户为你的辛劳而感动，让客户为你的方案而动心。这种方式培养出来的客户关系，有一个很大的好处，那就是关系将会很牢固，同时也将会有一定的成本投入，要想到一个月出一个单，或几个月出一个单，但出一个单的业绩能超过一般的销售人员同样付出的时间出的业绩为佳，争取要么不出，单单出大单。

当你通过钓鱼的方式成功的结交了一个朋友客户后，再逐渐的熟练运用钓鱼的方法把成功的模式复制出去，这样就可以为你节约很多时间，多结交朋友客户，多做业绩了。

做朋友是不能心急的，适当的去茶楼喝喝茶谈谈心，从朋友角度做起，适当的关心一下客户的家庭，从谈话中、关心中找到突破友谊质量的办法，适当的试探，找出其价值观的平衡点。而不是一开始就愣头青般的把自己的意图明显化，把利益暴露化，一定要在轻松愉快的状态下成交业务，微妙关系延长性才会成长。而如果能当客户是好朋友，能在节假日、平常都能适当的关心慰问，慰问的方法有很多，明信片啊、贺卡啊、累计的一些优惠券啊、自己批发的小礼品啊等等，要相信，持续的付出一定会得到回报的，当然这个回报会是在你不要求回报之下出现的惊喜，太刻意了，就很做作了。

撒网，意味着自己必须要很努力、勤快，你的努力必须能够让你交叉组建成为一个火力网，一个能捞东西、有破坏力的网。在数学里，有个概念叫做概率。如：当你打满 100 个电话时，让你找到了 5 个有意向型的客户，经过深入发展，终于成交了一个，那这个概率就是 1%。但是随着市场竞争的异常激烈，同时个人能力的差异取决于人的勤快于智慧，这个概率目前正逐渐的被认可为 1% 定律，这个 1% 定律不是说你打满了 100 个电话就一定会成交一个业务，它的意思就是你必须在 100 个电话号码、或 100 个单位拜访中找到一个要和你成交的客户，你才能算是一个基本合格的业务员。如果不能成交，说明你要么是不适合做销售，要么是不够勤奋。

当你没有像钓鱼般的耐心，慢慢地去泡、去磨、去发展一个深厚友谊的客户时，你就可以选择把自己当成一把机关枪，多打打电话、多出去拜访，每天给自己定出严格的任务量，在不断的打电话、拜访中，找到打电话的技巧、找到拜访的方法，逐渐的在 100 个电话中成交一个发展到成交 5 个、10 个……当你发现，你能熟练的通过电话直接（绕过阻碍）就能找到负责业务的人，通过拜访一眼就能看出谁是主事的人，通过拜访能很顺利地进入总经理、董事长办公室，此时你会发现，你已经喜欢上销售了。

钓鱼、撒网，一个以小放大，一个以大集合，各有各的优势，各有各的方法，而做销售，最重要的就是找到适合自己的销售方法，如果你正为不知道如何做销售而感到头疼，你可以选择其一试试，你也可以同时的进行，你也可以根据自己的实际情况自己创新，你更可以模仿你身边已经是优秀销售人员的方法，虽然赞成为达目的可以不择手段，但是希望做人的根本还是能遵循以善为贵，以德为重的理念。

第六章
利用服务抓住顾客的心

推销是信心的传递，是情绪的转移，假如你对自己的产品没有这样的热忱，没有这样的信念，或者你不是很迫不及待地想要分享给别人，事实上你已经没有办法推销了。

精通自己的产品

客户最希望推销人员能够提供有关产品的全套知识与信息，让客户完全了解产品的特征与效用。倘若推销人员一问三不知，很难在客户中建立信任感。销售员在出门前，应该先充实自己，多阅读资料，并参考相关信息。做一位产品专家，才能赢得信任。假设你所销售的是煤，你不能只说这煤炭可真是好货；你还最好能在顾客问起时说出：这煤燃烧过后灰烬是不是很干净，这煤会不会产生很多煤渣，这煤的标准热量单位是多少，这煤是一般的块状煤还是薄片煤，这煤是含有大量瓦斯的烛煤还是呈油脂状的碳煤，等等。

一、了解产品知识不仅仅是为了表现

以下是需要产品知识的真正理由。

1. 产品知识是建立热忱的两大因素之一

若想成为杰出的销售高手，工作热忱是不可或缺的条件。熟知你所销售的产品的知识，才能对你自己的销售工作产生真切的工作热忱。而能用一大堆事实证明做后盾，是一名推销人员成功的信号。要激发高度的销售热情，你一定要变成自己产品忠诚的拥护者。兴奋的来源，处于满意的效果。如果你用过产品而满意的话，自然会有高度的销售热情，不相信自己的产品而销售的人，只会给人一种隔靴搔痒的感受，想打动客户的心，真是难过登天。

2. 我们需要产品知识来增加勇气

许多刚出道不久的推销人员，甚至已有多年经验的业务代表，都会担心顾客提出他们不能回答的问题。为什么会害怕顾客提出这样的问题呢？因为他们不知道这些问题的答案啊！对产品知识知道得越多，工作时底气越足。

3. 产品知识会使我们更像专家

4. 产品知识会使我们在与专家对谈的时候，能更有信心

尤其在我们与采购人员、工程师、会计师及其他专业人员谈生意的时候，更能证明充分了解产品知识的必要。可口可乐公司曾询问过几个较大的客户，请他们列出优良推销人员最杰出的素质。最多的回答是：“具有完备的产品知识”。

5. 你需要产品知识来有效处理反对意见

当顾客告诉你：“你们的机器没有某某牌的机器做得好。”这时，你最好对自己的产品和某某牌的产品都十分了解，否则交易大概要泡汤了。

6. 你对产品懂得越多，就越会明白产品对使用者来说有什么好处，也就越能用有效的方式为顾客作说明

7. 产品知识可以增加你的竞争力

假如你不把产品的种种好处陈述给顾客听，你如何能激发起顾客的购买欲望呢？了解产品，你便能无所惧怕。

8. 产品知识能让你更有自信

坚信自己的产品能够给客户带来利益；否则你不可能真正认同自己的工作。将一个适合客户的产品带给客户，销售工作的本身是赋予了我们这一内涵的。但进入销售行业的人往往会被客户的表面态度击败。世界上没有永远的拒绝，也没有最好的产品。所有的一切仅仅围绕一个原则，什么样的客户需要什么样的产品。不要以为你的产品和对手的产品在功能上无法相提并论，其实，你产品的价格和适应性，你的服务，还有你自己，都能够为客户找到合适而且合算的理由。用心去经营你的产品，这是你的兴趣所在。你的客户接受了您的推荐而获得了相应的利益，这又何乐而不为呢？相信最艰苦的时间很快会过去，你对每一件事、每一个细节都犹如本节所描述的穿着打扮、礼仪一样重视，你就会拥有很多的客户。相信自己——我一定要做到，我一定能做到。

9. 你需要产品知识去赢取顾客的信任。

二、需要了解产品的内容

只有详细了解产品，产品蕴含的价值才能通过你自己的销售技巧体现出来。你需要了解产品的以下方面的内容。

1. 产品的构成

构成产品的几个要素如下：产品名称、物理特性）包括材料、质地、规格、美感、颜色和包装）、功能、科技含量（即产品所采用的技术特征)、销售价格体系和结算体系、运输方式、产品的系列型号等。

注意：分析产品的时候不要加入任何感情因素，产品就是产品，即使是不需要的人，他同样会承认这个产品的存在。客观了解你所销售的产品是你在客户面前表现自信的一个基础条件。

2. 产品的价值取向

产品的价值取向是指产品能给使用者所带来的价值。构成产品使用价值的因素有以下几种。

第一是品牌。这是确立客户购买决策的重要因素，在众多的产品品牌中，你销售的产品的品牌形象、市场占有率是否处于有利的地位。

第二是性能价格比。通过产品说明书的性能参数可以确定产品的性能，性价比是客户确定投入的依据。

第三是服务。不仅是售后服务，而且包括整个销售过程中你给客户带来的信心和方便。

第四是产品名称。一个好的产品名称能给客户带来一种亲和力。对推销人员来说产品的名称并不能由推销人员来确定，但潜在客户获知产品的名称是通过推销人员来表述的。如何将产品的名称通过你的语气表现出信心和亲和力，是推销人员必须训练的技巧。

第五是产品的优点。是产品在功效上（或者其他方面）表现出的特点。如传真机有记忆装置，能自动传递到设定的多个对象。

最后是产品的特殊利益。特殊利益是指产品能满足客户本身特殊的要求，如：每天和国外总部联系，利用传真机可以加快速度并有利于节约国际电话费。

总之，产品价值的综合取向是客户产生购买行动的动机。不否认客户的购买动机都有不同，真正影响客户购买的决定因素就是带给客户的利益的价值取向。只有综合价值的某一方面或多方面能够满足客户的需求，客户才会购买你的产品。

3. 产品的竞争差异

基于一个基本的市场原则，市场竞争的存在性，我们可以对同类产品作比较性分析。比较的内容可以包括：材料、质地、规格、美感、颜色和包装、功能、科技含量、价格、结算方式、运输方式、服务、代理商、品牌、广告投入、效果、区域内员工人数、市场占有率、市场变化、上月回款、客户满意度等。

没有竞争的产品，推销人员不会有什么价值。正因为竞争非常激烈，推销人员在自己的业务生涯中始终保持竞争力，才更有意义。

三、如何精通产品或服务的知识

对一个专业的推销人员来说，任何“产品的更新速度快”、“公司培训跟不上”等借口都不应该阻止你去掌握所销售产品的知识。任何工作都一样，只有努力去钻研和学习，才能掌握比他人更多的知识，工作才能更出色。对你来说，客户是通过你来了解产品知识的，如果不通，你又如何能够解决客户的疑问呢？

推销人员要能够有效地说服客户，除了具备完备的产品知识外，还需要明确说明的重点即产品的诉求点。有效、确实的诉求重点来自于平时对各项情报的收集整理和与客户多次接触。

1. 可以从阅读资料获取

新闻杂志选摘的资料、产品目录、产品简介、设计图、公司的训练资料等，是最快捷、最直接获得产品或服务信息的途径。

2. 可以从相关人员获取

上司、同事、研发部门、生产制造部门、营销广告部门、技术服务部门、竞争者、客户等都可以成为你获得产品或服务信息的对象。

3. 自己的体验总结

自己亲身销售过程的心得、客户的意见、客户的需求、客户的异议等，也能反映出产品或服务某方面的信息。做一位产品专家，才能赢得信任。

要以产品至上

有位儿童用品推销员介绍他采用产品接近法推销一种新型铝制轻便婴儿车的前后经过，非常有趣：

“我走进一家商场的营业部，发现这是在我所见过百货商店里最大的一个营业部，经营规模可观，各类童车一应俱全。我在一本工商业名录里找到商场负责人的名字，当我向女店员打听负责人工作地点时，进一步核实了他的尊姓大名，女店员说他在后面办公室里，于是我来到那间小小的办公室，刚进去，他就问：“喂，有何贵干？”我不动声色地把轻便婴儿车递给他。他又说：“什么价钱？”我就把一份内容详细的价目表放在他的面前，他说：“送60辆来，全要蓝色的。”我问他：“您不想听听产品介绍吗？”他回答说：“这件产品和价目表已经告诉我所需要了解的全部情况，这正是我所喜欢的购买方式。请随时再来，和您做生意，实在痛快！”

让产品先接近顾客，让产品作无声的介绍，让产品默默在推销自己，这是产品接近法的最大优点。例如，服装和珠宝饰物推销员可以一言不发地把产品送到顾客的手中，顾客自然会看看货物，一旦顾客发生兴趣，开口讲话，接近的目的便达到了。

从推销心理学角度讲，产品接近法符合顾客认识和购买产品的心理过程。一般说来，人们在决定购买之前总希望彻底了解产品及其各种特征，包括产品的用途、性能、造型、颜色、味道、手感，等等。有些顾客还喜欢亲手触摸和检查产品，甚至动手试试，或者干脆拆开，看个究竟。产品接近法正是利用了一般消费者的上述心理。产品接近法给顾客提供一个亲手操作产品的机会，充分调动顾客五官肢体的积极性，发挥其视觉、嗅觉、听觉、味觉、触觉的功能，直接引起顾客的注意和兴趣。只要顾客笑口一开，面谈立即开始。现代心理学认为，操弄或操作是人类的基本动机之一。既然人们喜欢操弄产品，推销员何不让他们开开眼界操作操作呢！既然顾客跃跃欲试，何不让他一试呢！在利用产品接近法接近顾客时，推销员就是要让顾客先睹为快，先闻为快，先摸为快，满足其操弄和探求的心理。一旦顾客之心大快，也就接近大功告成。

不过，采用产品接近法也受到一定的限制。一般说来，在采用产品接近法时，推销员应注意下述问题：

1．产品本身必须具有一定的吸引力，能够引起顾客的注意和兴趣，这样，才能达到接近顾客的目的。在顾客看来毫无特色、毫无魅力的一般产品，不宜单独使用产品接近法。

2．产品本身必须精美轻巧，便于推销员访问携带，也便于顾客操弄。笨重的庞然大物、不便携带的产品不宜使用产品接近法。例如，重型机床推销员、房地产推销员、推土机推销员就不好利用产品接近法。但是，推销员可以利用产品模型、产品图片等作为媒介接近顾客。

3．推销品必须是有形的实物产品，可以直接作用于顾客的感官。看不见摸不着的无形产品或劳务，不能使用产品接近法。理发、洗澡、人寿保险、旅游服务、电影入场券等都无法利用产品接近法。

4．产品本身必须质地优良，经得起顾客反复接触，不易损坏或变质。另外，推销员应准备一些专用的接近产品，平时注意加以保养，以免在顾客操弄时出毛病，影响推销效果。

尽管产品接近法具有一些缺点，但只要使用得当，仍是比较有效的接近方法。如果配合其他方法使用产品接近法，在顾客操弄产品时加上一两句妙语，则收效更佳。例如，当一位年轻的女顾客试穿时装时，推销员适时称赞一句："小姐，美极了！"其实，更美的一定是推销员诚挚热情的笑脸！只有产品过硬，才会有成功的业务。

客户异议处理技巧

一、忽视法

当推销人员拜访经销店的老板时，老板一见到你就抱怨说：“这次空调机的广告为什么不找成龙拍？而找 ×××，若是找成龙的话，我保证早就向你再进货了。”

碰到诸如此类的反对意见，我想你不需要详细地告诉他，为什么不找成龙而找 ××× 的理由，因为经销店老板真正的异议恐怕是别的原因，你要做的只是面带笑容、同意他就好。

所谓“忽视法”，顾名思义，就是当客户提出一些反对意见，并不是真的想要获得解决或讨论时，这些意见和眼前的交易扯不上直接的关系，你只要面带笑容地同意他就好了。

对于一些“为反对而反对”或“只是想表现自己的看法高人一等”的客户意见，若是你认真地处理，不但费时，尚有旁生枝节的可能，因此，你只要让客户满足了表达的欲望，就可采用忽视法，迅速地引开话题。

忽视法常使用的方法如：

1. 微笑点头，表示“同意”或表示“听了您的话”。

2. “您真幽默”！

3. “嗯！真是高见！”

二、补偿法

潜在客户：“这个皮包的设计、颜色都非常棒，令人耳目一新，可惜皮的品质不是顶好的。”推销人员：“您真是好眼力，这个皮料的确不是最好的，若选用最好的皮料，价格恐怕要高出现在的五成以上。”

当客户提出的异议，有事实依据时，你应该承认并欣然接受，强力否认事实是不智的举动。但记得，你要给客户一些补偿，让他取得心理的平衡，也就是让他产生两种感觉：

1. 产品的价格与售价一致的感觉。

2. 产品的优点对客户是重要的，产品没有的优点对客户而言是较不重要的。

世界上没有一样十全十美的产品，当然要求产品的优点愈多愈好，但真正影响客户购买与否的关键点其实不多，补偿法能有效地弥补产品本身的弱点。

补偿法的运用范围非常广泛，效果也很有实际。

例如艾维士一句有名的广告“我们是第二位，因此我们更努力！”这也是一种补偿法。客户嫌车身过短时，汽车的推销人员可以告诉客户“车身短能让您停车非常方便，若您是大型的停车位，可同时停两辆车”。

三、太极法

经销店老板：“贵企业把太多的钱花在做广告上，为什么不把钱省下来，作为进货的折扣，让我们的利润好一些？”推销人员：

“就是因为我们投下大量的广告费用，客户才会被吸引到指定地点购买指定品牌，不但能节省您销售的时间，同时还能顺便销售其他的产品，您的总利润还是最大的吧！”

太极法取自太极拳中的借力使力。回力棒就是具有这种特性，用力投出后，会反弹回原地。

太极法用在销售上的基本做法是当客户提出某些不购买的异议时，推销人员能立刻回复说：“这正是我认为您要购买的理由！”也就是推销人员能立即将客户的反对意见，直接转换成为什么他必须购买的理由。

我们在日常生活上也经常碰到类似太极法的说辞。例如主管劝酒时，你说不会喝，主管立刻回答说：“就是因为不会喝，才要多喝多练习。”你想邀请女朋友出去玩，女朋友推托心情不好，不想出去，你会说：“就是心情不好，所以才需要出去散散心！”这些异议处理的方式，都可归类于太极法。

四、询问法

客户：“我希望您价格再降百分之十！”推销人员：“××总经理，我相信您一定希望我们给您百分之百的服务，难道您希望我们给的服务也打折吗？”客户：“我希望您能提供更多的颜色让客户选择。”推销人员：“报告××经理，我们已选择了五种最易被客户接受的颜色了，难道您希望有更多的颜色的产品，增加您库存的负担吗？”

询问法在处理异议中扮演着两个角色：

1. 透过询问，把握住客户真正的异议点：

推销人员在没有确认客户反对意见重点及程度前，直接回答客户的反对意见，往往可能会引出更多的异议，让推销人员自困愁城。

例如以下案例：

潜在客户："这台复印机的功能，好像比别家要差。"

推销人员："这台复印机是我们最新推出的产品，它具有放大缩小的功能、纸张尺寸从 B5 到 A3；有三个按键用来调整浓淡；每分钟能印 20 张，复印品质非常清晰……"

潜在客户："每分钟 20 张实在不快，别家复印速度每分钟可达 25 张，有六个刻度调整复印浓淡，操作起来好像也没那么困难，副本品质比您的要清楚得多了……"

这个例子告诉我们，推销人员若是稍加留意，不要急着去处理客户的反对意见，而能提出这样的询问，如"请问您是觉得哪个功能比哪一家的复印机要差？"客户的回答也许只是他曾经碰到 ×× 牌的复印机，具有六个刻度调整复印的浓淡度，因而觉得你的复印机的功能好像较差。若是推销人员能多问一句，他所需要处理的异议仅是一项，可以很容易地处理，如"贵企业的复印机非由专人操作，任何员工都会去复印，因此调整浓淡的过多，往往员工不知如何选择，常常造成误印，本企业的复印浓度调整按键设计有三个，一个适合一般的原稿，一个专印颜色较淡的原稿，另一个专印颜色较深的原稿。"经由这样地说明，客户的异议可获得化解。

推销人员的字典中，有一个非常珍贵、价值无穷的字眼“为什么？”不要轻易地放弃了这个利器，也不要过于自信，认为自己已能猜出客户为什么会这样或为什么会那样，让客户自己说出来。

当您问为什么的时候，客户必然会做出以下反应：他必须回答自己提出反对意见的理由，说出自己内心的想法；或者他必须再次地检视他提出的反对意见是否妥当。

此时，推销人员能听到客户真实的反对原因及明确地把握住反对的项目，他也能有较多的时间思考如何处理客户的反对意见。

2. 透过询问，直接化解客户的反对意见：

有时推销人员也能透过各客户提出反问的技巧，直接化解客户的异议，如范例中的两个例子。

五、“是的……如果”法

潜在客户：“这个金额太大了，不是我马上能支付的。”推销人员：“是的，我想大多数的人都和您一样是不容易立刻支付的，如果我们能配合您的收入状况，在您发年终奖金时，多支一些，其余配合您每个月的收入，采用分期付款的方式，让您支付起来一点也不费力。”

人有一个通性，不管有理没理，当自己的意见被别人直接反驳时，内心总是不痛快，甚至会被激怒，尤其是遭到一位素昧平生的推销人员的正面反驳。

屡次正面反驳客户，会让客户恼羞成怒，就算你说得都对，也没有恶意，还是会引起客户的反感，因此，推销人员最好不要开门见山地直接提出反对的意见。在表达不同意见时，尽量利用“是的……如果”的句法，软化不同意见的口语。用“是的”同意客户部分的意见，在“如果”表达在另外一种状况是否这样比较好。

请比较下面的两种说法，感觉是否天壤之别。

A：“您根本没了解我的意见，因为状况是这样的……”

B：“平心而论，在一般的状况下，您说的都非常正确，如果状况变成这样，您看我们是不是应该……”

A：“您的想法不正确，因为……”

B：“您有这样的想法，一点也没错，当我第一次听到时，我的想法和您完全一样，可是如果我们做进一步的了解后……”

养成用B的方式表达你不同的意见，你将受益无穷。

“是的……如果……”是源自“是的……但是……”的句法，因为“但是”的字眼在转折时过于强烈，很容易让客户感觉到你说的“是的”并没有含着多大诚意，你强调的是“但是”后面的诉求，因此，若你使用“但是”时，要多加留意，以免失去了处理客户异议的原意。

六、直接反驳法

客户：“这房屋的公共设施占总面积的比率比一般要高出不少。”推销人员：“您大概有所误解，这次推出的花园房，公共设施占房屋总面积的18.2%，一般大厦公共设施平均达19%，我们要比平均少0.8%。”客户：“你们企业的售后服务风气不好，电话报修，都姗姗来迟！”推销人员：“我相信您知道的一定是个案，有这种情况发生，我们感到非常遗憾。我们企业的经营理念，就是服务第一。企业在全省各地的技术服务部门都设有电话服务中心，随时联络在外服务的技术人员，希望能以最快的速度替客户服务，以达成电话报修后两小时内一定到现场修复的承诺。

在“是的……如果”法的说明中，我们已强调不要直接反驳客户。直接反驳客户容易陷于与客户争辩而不自觉，往往事后懊恼，但已很挽回。但有些情况你必须直接反驳以导正客户不正确的观点。例如：

1. 客户对企业的服务、诚信有所怀疑时。

2. 客户引用的资料不正确时。

出现上面两种状况时，你必须直接反驳，因为客户若对你企业的服务、诚信有所怀疑，你拿到订单的机会几乎可以说是零。例如保险企业的理赔诚信被怀疑，你会去向这家企业投保吗？如果客户引用的资料不正确，你能以正确的资料佐证你的说法，客户会很容易接受，反而对你更信任。

使用直接反驳技巧时，在遣词用语方面要特别的留意，态度要诚恳、对事不对人，切勿伤害了客户的自尊心，要让客户感受到你的专业与敬业。

我们介绍了六项处理异议的技巧，熟悉这六项技巧，能让你面对客户的异议时更能有自信。

技巧能帮助你提高效率，但对异议秉持正确的态度，才能使你面对客户异议时能冷静、沉稳；能冷静、沉稳才能辨别异议的真伪、才能从异议中发觉客户的需求、才能把异议转换成每一个销售机会。因此，推销人员们训练自己处理异议，不但要练习你的技巧，同时也要培养你面对客户异议的正确态度。

发挥催收货款口才技巧的心理准备

推销员在催讨货款时所抱的心理态度是发挥自己的口才技巧和催收能力的一个重要因素。一个人的思想是很容易影响到他说话的语气、语言的选择，这是我们大家都明白的一个事实。而我们时常会遇到这种现象：

在销售时勇气逼人的业务员，一旦面对收回货款时，也好像变了个人似的，懦弱不堪，向顾客催款时觉得非常过意不去的心情，在很多人潜意识中都会存在着。

营业活动将销售至收回货款视为一个循环。所以推销员面对收回货款的第一信念就应该是："收回货款是正当的商业行为！"

中国有句俗话：欠债还钱，天经地义。既然顾客接受了产品，就该付出代价，归还货款自然是理所当然的事情，所以，推销员大可抛弃这种心理，持一种坦然的态度。况且，我们可以从下面入手分析看看：

客户对已经完全付款后真正属于自己之物会喜爱而觉得

宝贵，再加上售出货物显然要比退货对客户更为有利，所以，一般而言，客户都会积极地想办法把货物售出。这样一来，产品的流通就会加速，销售量增加，所获的利润也相对地提高。

完全收回货款对客户还有其他益处。因为厂商若收回货款的期限被拖长，为了资金周转需向银行借贷，这时所付的利息就得视为营业成本算入价格之中，结果加重了客户的负担，客户势必需购入较昂贵的产品，相形之下，还是吃亏。

就客户而言，由于赊欠货款少，故乐于进货，因为货款既已付清就可以放手销售，而赊账较多的客户由于害怕登门催收而不愿露面。其结果订货减少、赊账变成长期化，终不免成为不良客户。催收款一旦增加，不管怎样，推销员就会被迫采取保守的态度，如果放松催款，反而使客户与公司愈来愈疏远。

因此，推销员催款在很大程度上都帮助了顾客，对双方都是一种有益的事。当然，我们还得注意一点：

催款时也不要把收款当成催收借款。借款要生利息，可正常的赊欠货款是不计利息的。赊欠货款乃是表示对客户之信赖与密切的关系。继续信用交易，共存共荣，但信用也有其限度，因此，在彼此同意清账条件范围内收款，不可采用压制性态度。正确地收款可以间接地刺激客户销售。

要经常拜访客户

对于不期而至的推销员，客户的疑惑点会有以下两个：

你是谁，你怎么知道我的

一般人对于一个陌生的电话通常都存有戒心，他的第一个疑问必然是："你是谁？"，所以我们必须先表明自己的身份，否则，一些人为避免不必要的干扰，可能敷衍你两句就挂上电话。可是，也有人会说："如果我告诉他，他会更容易拒绝我。"事实上确实如此，所以我们尽可能表明，我是你的好朋友 ××× 介绍来的。有这样一个熟悉的人做中介，对方自然就会比较放心。同样地，对方心里也会问："你怎么知道我的？"我们也可以用以上的方法处理。有的人又会说："其实我只是从一些资料上得到顾客的电话，那又该怎么办呢？"这时，可以这样讲："我是你们董事长的好朋友，是他特别推荐你，要我打电话给你的。"这时，你也许会想：如果以后人家发现我不是董事长的好朋友，那岂不让我难堪。其实，你不必那么紧张，我们打电话的目的无非是为了获得一次面谈的机会。如果你和对方见面后，交谈甚欢，那对方也不会去追究你曾经说过的话了。

怕花太多的时间

大多数推销员有个毛病，一到客户那里就说个没完，高谈阔论，舍不得走。因此，在电话约访中要主动告诉客户："我们都受过专业训练，只要占用 10 分钟，就能将我们的业务作一个完整的说明。您放心，我不会耽误您太多的时间，只要 10 分钟就可以了"。

基于客户的疑惑，推销员必须找到一个合理的借口来接近客户，下面介绍几种技巧：

当面约见，利用面对面的机会

所谓当面约见，是指推销员与推销对象当面约定访问事宜。这种机会是很多的。例如，在途中不期而遇时，在见面握手问好时，在起身分手时，推销员都可以借机面约。

面约具有许多优点。首先，可以在无形之中缩短推销员与顾客之间的距离，从而可以消除各种隔阂，建立起亲密无间的关系。在十分友好的气氛里，顾客往往会欣然应允。俗话说，“见面三分情”。

其次，有助于推销员进一步做好接近准备。当面相约，身临其境，耳闻目睹，对了解顾客的有关情况十分有利。

第三，可信可靠。有时约见内容比较复杂，只有面约才能说清楚，可以在当时消除顾客的疑虑，做好面谈准备。

第四，面约还可以防止走漏风声，确实保守商业机密，且简便易行，只要推销员略带微笑，略费口舌，而不要别的推销工具。

面约也有一定的局限性。首先，有一定的地理限制。如果要在近期召开一次订货会，推销员没有必要也不可能走遍各个推销区面约所有的顾客。

其次，即使推销员完全可以及时面约每一位顾客，但效率低。

第三，面约虽然简便易行，面释疑点，却容易引起误约。面约一般是口头约见，慌忙之际难免顾此失彼。一旦被顾客拒绝，就使推销员当面难堪，造成被动局面。

第四，对于某些无法接近的推销对象来说，面约方法便无用武之地。不过，如果推销员善于把握时机进行面约，一般都能成功。个别面约光顾，收效更佳。

电话约见

电话约见，重点应放在“话”上。所以，推销员首先要熟知电话约见原则和方法。

原则上，推销员与顾客在电话中谈话的时间要精短，语调要平稳，出言要从容，口齿要清晰，用字要妥切，理由要充分。切忌心绪浮躁，语气逼人，尤其在顾客借故推托，有意拖延约见之时，更须平心静气，好言相应。如果巧言虚饰，强行求见，不但不能达成约见目的，反而增加顾客的反感。但在与顾客约定会面的时间和地点时，推销员应尽量采取积极、主动的行动，不可含糊其辞，以免给予顾客拒绝接见的机会。下面举出两种有关约定时间的问话，由于表达方式和用语的差异，其效果反应完全不同。比如：

问话一：“王先生，我现在可以来看您吗？”

问话二：“王先生，我在下周三下午4时来拜访您呢？还是在下周四上午9时来？”

问话一，推销员完全处于被动的地位，随时易遭顾客设法推辞。问话二则相反，推销员对于会面时间已主动排定，仿佛早已料到顾客那时一定能抽空接见，故顾客一时反应不过来，便只好随推销员的意志，从上述两个已排定的时间中，做“二选其一”

的抉择，而没法推托了。

利用感谢别人的机会

“张先生，我是金生电子公司推销员，您上月5日寄来的订单刚刚收到，谢谢您。目前本公司新出一系列电子组件，品质和效果都比以往同类产品好，所以想尽早介绍给您试用……”

由上述话语中可知，推销员与顾客相互认识，并有相当交往，因此，推销员可以直接在电话中报上姓名。基于这种关系，推销员借顾客订货之便，推荐电子新产品并要求约见，极为顺理成章；这也表示推销员对顾客的关心，遇有新产品上市，立即向熟悉的顾客介绍以期顾客能尽早试用，改良其产品。这份为顾客利益所表现的关怀，自会赢得顾客的欣赏，而愿意接受约见。

恭喜别人也是一种方法

“您早，林董事长，我是汽车公司的业务代表，听说令千金不久就有喜事了，恭喜！恭喜！我想利用这个机会，向您推荐我们最近进口的一种敞篷跑车，设计新颖，款式别致，装备齐全，适合新婚夫妇蜜月、郊游和上下班之用。所以，我想在今早六点半到府上，或明天中午到您办公室去，亲自向您说明细节如何？”

推销员利用此法约见，必须对消息来源的可靠性有十分的把握，包括：顾客家确有嫁女的喜事；有增添一份别开生面的礼物，作为嫁妆的意愿；确信顾客具有购置一辆贵重汽车的财力等。

社交手腕的运用

“卓太太，您早，我是百音乐器公司的推销员，昨天下午您带着令爱到我公司展示中心选购钢琴，结果您说过了一年后再买；现在刚巧有个机会，从今天起，百音牌钢琴，特价一周，不论琴号大小，一律每台减价500元。我想您不会错过这个难得的机会吧？还是赶快来吧！最好明天下午3时，我在公司展销中心恭候大驾光临，亲自为您精选，早买早用，又享受减价优待，何乐而不为呢？”

约见的原则上应由推销员去拜访顾客，但如果推销的产品体积笨重，或不便搬动，不妨让顾客屈尊就教，但言语必须得体，为一般社交所接受。推销员能为顾客的利益设想到如此地步，盛情确实难却，顾客对如此约见，虽在百忙之中，亦会愿意前往。

基于客户的疑惑，推销员必须找到一个合理的借口来接近客户。

售后服务：推销后的推销

对推销员来说，提高业绩的秘诀除了经验、知识、技术之外，还有最重要的一项“拥有许多优秀的准客户”。

所谓“巧妇难为无米之炊”，尽管是推销界的能手，一旦缺乏有力的准客户，还是不容易维持好业绩。反之，即使是资历短浅的新手，只要拥有许多优秀的准客户，一样可以获得高业绩。

为了确保准客户的数目，必须格外重视售后服务。一般而言，愈是有能力的推销员，客户人数愈多，且都能保持良好的人际关系。这儿所谓的“人际关系”，并非指亲密的人际关系，而是指使客户得到满足的一种关系。何种关系最能使客户满足呢？别无其他，就是周全的售后服务。推销员之所以要做好售后服务，说穿了，是希望客户能为自己介绍新的准客户，换句话说，做好售后服务，最大的好处在于“客户会带来客户”。

不愿做售后服务的推销员，理由大多是不想听对方抱怨什么。然而这么想是自私的事，毕竟客户买了你的东西，给予你莫大的好处，你怎可得了便宜还卖乖呢？此外，产品本身确实好，客户绝对不会埋怨什么，只有品质不佳的产品，才会招致怨声载道。如果你不为顾客去做售后服务，岂不表示对产品没有信心？

一流的推销员都深知这项道理，所以他们勤于做售后服务，借以获得客户的信任，并且满足对方的需要。

客户的心理一旦获得满足，他们就会成为你最有力的事业伙伴，他们会把你产品的好处告诉朋友，甚至还会把准客户带到你面前来。于是售后服务就不只是赢得信赖而已，还是帮助自己提升业绩的最佳手段。

售后服务既是促销的手段，又充当着“无声”的宣传员工作，而这种无声所达到的艺术境界，比那夸夸其谈的有声宣传要高超得多！一个企业只要善于发掘，就能领略那“无声胜有声”的艺术佳境的妙趣。

当今企业的竞争中，售后服务是一项不可有任何忽视的重要内容。事实上也正是如此，一般来说，在质量、价格基本相当的商品中，谁为消费者服务得好，谁就卖得快，卖得多，谁就能占领市场。

对于售后服务工作历来有两种态度和做法。一些人认为这是关系企业生死存亡的大事，所以，总是千方百计地去搞好各项售后服务，从而赢得了“回头客”，生意越做越兴隆。也有一些人认为，商品一经售出，便形成企业囊中之财，再去提供服务不仅是企业的额外负担，而且还白白浪费人力和金钱，于是还一直奉行着“当场看清，概不退换”的格言。更有甚者，在一时耐用消费品畅销的情况下，还打歪主意，靠广告大吹大擂，把不合格的商品送上市场，当消费者上当受骗强烈反映时，或是推托一番，或是不予理睬。

留住顾客的十个秘诀

1. 不要让顾客感到遗憾

平时在生意上要注意的事情很多，但这一条绝不可忽略。我们必须不断从各种角度去检查自己所经营的商店到底让顾客满意到什么程度，顾客是否曾在此有过遗憾？只有不断作这样的反省和检查，才能不断地提高自己服务的质量，以赢得更多的顾客。只有那种不再经营时让顾客遗憾万分的商店，才是真正经营成功的商店，才是名利双收的商店。

2. 对顾客一视同仁

我们应有这种观念：凡是购买我们东西的，无论富贫、贵贱、职位高低都是我们的顾客，都应该受到公正、平等的对待。因为商人有供应商品的使命，无论你多么喜欢或憎恶某人，在买卖时必须公正。当你对所有顾客都一视同仁时，顾客就会因你买卖公正、公道而涌向你的商店。

3. 尊重顾客

你的每一个顾客都是一个独立的个体，都有独特的人格，你必须尊重他。做生意时，有时我们可能因为意见相异而同顾客产生摩擦。此时更需要你注意自己的言谈举止，尊重你的顾客。你的态度可能成为你们之间良好关系建立的起点，也可能成为引发你和顾客之间战争的导火线。总之，不管什么情况，都不该失去礼貌。若你言辞诚恳，你的顾客会对你留有良好的印象从而愿意再次光顾你的店。

4. 时刻为顾客着想

从事买卖时，当然要先衡量自己的商品，然后再销售。不要忘了站在消费者的立场上真心实意地检查商品的质量，对此不应抱无所谓的态度。在你检查商品的质量如何、价格是否合理、需要多少数量、该在什么时候买进等等问题时，应随时考虑顾客的需要。这样的话，不仅顾客满意，你自己也会有很大的利润可得。

5. 诚实待客

做生意一定要诚实，靠欺骗顾客混日子是长久不了的。有时候，虽然能蒙骗顾客一时，但不能蒙骗他们一世。在现实中常会上当受骗的人不多，顾客是最聪明也是最公正的。只要他觉得在你的店里上过当，他日后定会避而远之，而且他一定会将他上当受骗的经过告诉他所认识的人。其结果必然是，你的店顾客稀少，生意清淡，甚至关门了事。所以千万不要欺骗顾客。

6. 欢迎难缠的顾客

做生意有时会遇到一些难缠的顾客，不要以为这一定是坏事。因为社会的纵容很容易使我们怠惰下来，没有挑剔的顾客，我们也不会有大的长进。因此对于难缠的顾客不要拒之门外，而应表示欢迎。对很挑剔的顾客又要毫不嫌烦地耐心对待。听了他的意见后再一项一项改进，这样你的商店定会日益完美，超越他人。

7. 主动地为顾客服务

做生意必须彻底实践对顾客应尽的礼仪和责任。不仅用嘴说要如何为顾客服务，而且要用实际行动实践这项义务。必须对顾客心存感谢并主动地为顾客服务。只要客人一表示有什么问题，就要尽力帮助。商品卖出后，应注意售后服务。只有为顾客提供满意的服务，顾客才乐意购买贵店的东西，生意才能长盛不衰。所以要做生意和发展生意，必须主动地为顾客提供满意的服务。

8. 提醒顾客不要错过

买卖的方法，随着时代的变迁而改变。现在，在买卖上“提醒顾客”的重要性日益增加。几年以前，只是以向光临的顾客好好地推荐，说明商品的方式，促进买卖。但近几年来更多的是主动地促销，去拜访顾客，积极地推销。当你发现这种商品不错，用起来很方便时，应该想到向顾客推荐。如果你这么做，你的顾客就会为你的热诚所感动，而有意试用该产品。经过使用后若发现果真用起来很方便，他就会对该产品产生信心。顾客对你有了信心，你的生意就会兴隆。

9. 利用广告让顾客认识产品

制造商的使命，就是制造出对人类有用的产品，否则，就会失去生产者存在的价值。但并不是好的产品做出来就可以了，还要想办法让顾客知道。把产品介绍给别人是一种义务，也是广告宣传的意义。同样作为一名商人，你也应该有及时把商品信息传递给顾客的义务。这样一方面帮助和方便了顾客，另一方面也促进了商店的销售。像这样一举两得的事情，商人必须利用，这样才能提高商店的知名度，并赢得广大顾客。

10. 感化顾客

在向顾客推销一些使其改变现有习惯或使用方法的新产品时，销售员必须具有很大的耐心，巧妙地向顾客介绍。不应该贸然批评顾客，要知道，顾客常常以为自己是对的。在顾客不愿接受他人意见，不甘心被他人说服的情况下，要说服他简直比登天还难。所以，销售员一定要感化顾客，要把顾客当作你的朋友，耐心地解说。只有这样，顾客才愿意改变看法并接受你的建议。

满足顾客需求

要想挖掘顾客对商品的需求，首先应当对顾客的需求种类进行一定的了解。

每个人都有需求，没有需求的人不可能是活人。著名心理学家马斯洛在潜心研究的基础上，把人的需求分为五个等级。

生理需求

生理需求是人类最原始、最基本的需求，包括饥、渴、性和其他生理机能的需求。在一切东西都没有的情况下，很可能主要的动机是生理的需求。对于一个处于极端饥饿状态的人来说，除了食物没有别的兴趣，就是做梦也梦见食物。在这种极端的情况下，对化妆品的需求、对艺术作品的需求、对新衣服的需求、对新餐具的需求，总而言之，对一切非食品的需求统统退居第二位。

安全需求

当人的生理需求得到满足时，就会出现对安全的需求。这类需求包括生活得到保障、稳定、职业安全、劳动安全、希望未来有保障，等等。

爱与归属的需求

这种需求是指，人人都希望伙伴之间、同事之间关系融洽或保持友谊与忠诚，希望得到爱情，人人都希望爱别人，也渴望被人爱。

尊重需求

谁都不能容忍别人伤害自己的自尊，顾客也如此。推销员要是一不留神，造成了对顾客自尊心的伤害，那就甭想顾客给推销员好脸色，甭想推销成功。

自我实现的需求

自我实现的需求即指实现个人的理想、抱负、发挥个人的能力到极限的需求。

了解顾客的上述五种需求，从而有效地唤起他们的需求，这是每一个成功推销员都应该掌握的。

人的需求是无限的，没有止境的。我们都有这样的体会：我们购物时，总是需求时才购买它，否则，是不会掏腰包的。推销员要想把商品推销出去，所需做的一件事就是：唤起顾客对这种商品的需求。

你只要搭错一次车，你就到不了目的地，在销售过程中，你可能只说错了一个字，你就无法销售出你的产品。因而，你跟顾客讲的每一句话都要经过深思熟虑。下面这几点是世界推销训练大师的课堂上的几点关于如何塑造产品价值以满足顾客需求的 19 条要求：

1. 找到顾客的问题或痛苦；
2. 加重对方不购买的痛苦；

3. 提出解决方案；

4. 展示解决问题的资历和资格；

5. 列出产品对顾客的所有好处；

6. 解释你的产品为什么是最好的（理由）；

7. 考虑一下我们是否可以送一些赠品；

8. 我们有没有办法限时、限量供应产品（人最想得到他没有或得不到的东西）；

9. 提供顾客见证；

10. 做一个价格的比较，解释为什么会物超所值；

11. 列出顾客不买的所有理由；

12. 了解顾客希望得到什么结果；

13. 要塑造顾客对该产品的渴望度；

14. 解释顾客应该购买你产品的 5 个理由，然后写出证明；

15. 顾客买你的产品的好处和坏处的分析；

16. 你跟竞争对手有哪些不一样的地方，要做比较；

17. 顾客对该产品产生问题或疑问时的分析；

18. 解释你的产品为什么这么贵；

19. 为什么顾客今天就要购买你的产品的理由。

满足顾客需求的服务就是最好的服务。

没有叫做“客户”的人

姓名，虽是人称的符号，但更是人生命的延伸。许多人一生奋斗都是为了成功出名，所以人对姓名的爱犹如爱自己的生命。这样，你要想能运用别人的力量来帮助自己，首先要尊重别人的姓名。

有一位经营美容店的老板说:“在我们店里，凡是第二次上门，我们规定不能只说‘请进！××太太（小姐）。’所以，只要来过一次，我们就存有档案，要全店人员必须记住她的贵姓芳名。”

如此重视客户的姓名，不但便于美容店制作客户卡，掌握其兴趣、爱好；而且使客户倍感亲切和受到尊重，走进店里有宾至如归之感。因此，老主顾越来越多，不用说生意愈加兴隆了。

在推销界，“记忆姓名”法是受到极力推崇的。

商店里贴着“客户您好”，火车广播员亲切问候着“乘客好”！而你作为客户或乘客，会倍感亲切。或当营业员问道：“客户，你想买什么？”你会立刻不悦，甚至生气。联系到推销活动，如果推销员称对方“客户先生”一定不会有多少成功在等待他。

姓名最好不要问第二次，要一次记住，而如果一时记不起来，可问一下第三者，迫不得已问一下本人也比叫起“客户”好得多。

如果访问时单说:“有人在吗？”很可能没有人理你。如果说:“×××先生在吗？”那么只要屋里有人，一般都会出来开门。这便体现了名字的魅力。

叫出对方姓名是缩短推销员与客户距离的最简单最迅速的方法。记住对方姓名是交际的必要。而交际等于推销员的生命线，所以怎么能不记住客户的大名呢？

当然，如果你记性不好，就要依靠客户卡，把每一个有希望的客户的一切资料都记录在卡片上，随用随取，对工作一定帮助良多。

在日本的鹿儿岛温泉疗养地，旅馆随处都是，但人们总喜欢投宿于F宾馆。不管是旅游旺季还是旅游淡季，F宾馆总是门庭若市，客户满堂，其生意就是迎客和送客的态度使人感到没有丝毫差别。甚至送客时的态度更认真。在F宾馆里，服务员总是把每一位客户的皮鞋擦得干净光亮，而且当服务台知道你今天要外出，就把你的皮鞋送到房间，放上纸条“已擦过”，鞋旁边还放上一张“天气预报”。所以，当你一面穿鞋、一面计划当天的活动安排时，看到当天的天气预报，无疑是对你一声叮嘱。好像母亲送你出门总不忘说声：“路上小心呀！”“今天有雨，带上雨伞吧。”客户怎能不暖上心头呢！

当你离开宾馆时，从老板到职员，都在走廊门厅处站着：“再见，一路平安。”态度亲切甚至超过欢迎时。

更让人惊异的是：凡是在F宾馆住宿过的，哪怕只住一夜的，当你第二次投宿F宾馆，从老板到普通职员，都能叫出你的姓名：“××先生，好久不见了，请！请！”好像你是他们多年的老主顾。

而有些旅馆则逊色多了，他们迎宾是副面孔，送客是另一副面孔，送客时的笑容勉强得让你感到很不自然。

推销员的辞别可以说是与客户的暂时别离，除非你决意不再和这家客户来往，便不在乎离去时礼节，否则，客户总是以你辞别时的形象来评价你，而推销员的形象比商品形象更重要。尤其是在被拒绝时，更能体现推销员的形象，除非你不是以推销为业，只做一锤子买卖，或你想做“江湖骗子”，辞别时，脸拉得跟驴脸一般长，把手伸到背后“啪”地带上门，也就切断了身后那条与客户无形的“红线”，这样你的推销市场就越来越小。请记住：推销市场会因为你的人际关系而成倍扩大，也会因为你的关系线的断裂而成倍缩小，以至于你在推销市场上无立足之地。

辞别的技巧与见面的技巧、谈判的技巧比较要更难学。口才、言语是你的推销工具、而辞别时的背景，更是你的推销必备。辞别时的背影是无声（无言）的推销，而此时无声胜有声。

服务、服务、再服务

如果你研究一下日本那些真正成功的公司，将发现他们都有一个共同的特点——在各自的行业为客户提供最优质的服务。像松下电器公司、三菱公司、东芝公司这样的国际知名大公司无一不在各自市场上占有很大的份额。同样，这些公司的每一位推销员都致力于提供上乘服务。你知道有这样一种人，他们“狂热”地寻求更好的方式，以“取悦”他们的客户。不管推销的是什么产品，他们都有一种坚定不移的、日复一日的服务热情。各行各业的佼佼者都是如此。

当你用长期优质的服务将客户团团包围，就等于是让你的竞争对手永远也别想踏进你客户的大门。

赢得终身的客户并不是靠一次重大的行动，要想建立永久的合作关系，你绝不能对各种服务掉以轻心。做到了这一点，客户就会觉得你是一个可以依靠的人，因为你会迅速回电话。按要求奉送产品资料，等等。这些话听起来是如此的简单——确实也简单，做到“几十年如一日”的优质服务并不是什么复杂困难的事，但它确实需要一种持之以恒的自律精神。

很多推销员却认为替客户提供优质服务赚不了什么钱。乍一看，这种观点好像很正确，因为停止服务可以腾出更多的时间去发现、争取新的客户。但是，事实却不是那么回事。人们的确欣赏高质量服务，他们愿意一次又一次的回头光顾你的生意，更重要的是，他们乐意介绍别的人给你，这就所谓的“滚雪球效应”。

你应当记住：服务，服务，再服务。为你的客户提供如此之多的优质服务，以至于他们对想一想与别人合作都会感到内疚不已！成功的推销生涯正是建立在这类服务的基础上。